筑梦苍穹

顾诵芬

徐瑞哲 著
师元光 张聚恩 审

上海交通大学出版社
SHANGHAI JIAO TONG UNIVERSITY PRESS

内容提要

本书讲述了我国著名飞机设计师、空气动力学家、飞行力学家、航空领域唯一一位两院院士顾诵芬的家族渊源、求学经历、科研丰碑、体系设计、母校情结、育人储才等故事，记叙他如何从小立志航空、逐梦蓝天，如何带领团队造出属于中国人的“争气机”，又如何成为兼备全球视野与世界格局的战略型科学家，字里行间彰显了其爱国奋斗、航空报国之科学家精神，以及作为一名共产党员的无私奉献精神。本书图文并茂、叙事严谨、语言生动，既尊重历史史实，又注重人物刻画，实现了科学性和故事性的有机统一，适合科技界、教育界人士及大中学生阅读。

图书在版编目（CIP）数据

筑梦苍穹：顾诵芬 / 徐瑞哲著 . -- 上海：上海交通大学出版社，2025. 5. -- ISBN 978-7-313-31999-9

Ⅰ. K826.16

中国国家版本馆 CIP 数据核字第 2024B7F363 号

筑梦苍穹：顾诵芬

ZHU MENG CANGQIONG:GU SONGFEN

著　　者：徐瑞哲

出版发行：上海交通大学出版社　　地　　址：上海市番禺路 951 号

邮政编码：200030　　电　　话：021-64071208

印　　制：上海颛辉印刷厂有限公司　　经　　销：全国新华书店

开　　本：710mm × 1000mm　1/16　　印　　张：17

字　　数：181 千字

版　　次：2025 年 5 月第 1 版　　印　　次：2025 年 5 月第 1 次印刷

书　　号：ISBN 978-7-313-31999-9

定　　价：78.00 元

像静水深流，静水里涌动报国的火，
似大象无形，无形中深藏着强国梦。
心无旁骛，一步一个脚印，志在冲天。
振长策，击长空，诵君子清芬。

——《感动中国》2021 年度人物颁奖词

亲爱的读者们：

顾诵芬院士是交通大学航空工程系1951届杰出校友，他毕生践行“航空报国”理想，从设计新中国第一架喷气式教练机到领衔歼-8系列战机研制，从主持规划未来先进军机到主持论证国产大飞机项目，用七十载坚守诠释了“饮水思源，爱国荣校”的交大精神。在上海交通大学重建航空航天学科的过程中，他亦亲自担任战略专家委员会主任，为首届大飞机研究生特班学子授课，将毕生经验倾囊相授；领衔总主编策划的“大飞机出版工程”成为世界先进水平的国家重大科技出版典范。

今天，捧读这本记录了顾诵芬院士非凡一生的传记，我们不仅是在回顾一位伟大战略科学家的成长轨迹，更是在感受他对梦想不懈追求的力量。愿此书能够激励每一位怀抱理想的年轻人，从顾诵芬院士"择一事终一生"的坚守中，汲取到超越时代的精神力量，在科学研究的道路上勇往直前。

王宗光

上海交通大学原党委书记

航空航天学院名誉院长

凌云壮志　逐风而行

在中国航空工业从无到有、从小到大、从弱到强的发展历程中，无数先驱者的努力和奉献铸就了今日的辉煌。而在这群杰出的人物之中，顾诵芬院士不仅作为总设计师带领团队成功研制出歼-8 系列飞机，而且一生心系苍穹，多次为中国航空工业未来的发展指引了方向。顾诵芬总设计师是中国航空界唯一的两院院士，是使中国航空工业走向自主研发新型飞机之路的创始人，也是真正把空气动力学运用到飞机设计研发的领头人。顾总以他的智慧和毅力为中国航空工业立下了汗马功劳。

作为一位曾经与他紧密合作过的试飞员，我有幸见证了顾总在航空科研领域的卓越成就，也亲历了他对中国航空事业的巨大影响。今天，当我为这本《筑梦苍穹——顾诵芬》作序时，心中满是对这位导师、战友以及同事的崇敬之情。

我和顾总相识于 20 世纪 60 年代，并在歼-8 飞机的试飞过程中，建立了深厚的友谊。1966 年，我正式成为一名试飞员，投身于我国航空工业。那时我们都在为新中国第一架自主设计制造的战斗机——歼-8 的研制而奋斗。当时中国航空工业正处于起步阶段，技术基础薄弱，设备简陋，但正是在这样的条件下，顾总带领团队开始了艰辛而又充满挑战的研发工作。

一个好的飞机总设计师必须是试飞员的好朋友，他们必须很好地交流，才能使飞机的研制进度不断提升。作为试飞员，我的任务是通过实际飞行测试飞机性能，顾总则负责根据试飞数据不断优化飞机设计。试飞工作并非一帆风顺，我们发现了很多原来没有考虑到的问题，飞行中也出现了很多风险，可以说每一次试飞都是一次冒险。在面对各种未知的问题时，顾总展现出了非凡的领导力和技术才华。他总是能够在最短的时间内找到问题的关键，并提出切实可行的解决方案。每一次总设计师与试飞员合作的经历不仅加深了我们之间的信任，更为后来歼-8 的成功奠定了坚实的基础。尽管有很大的难度，我跟顾总紧密合作，最终成功实现了设计定型。

在与顾总的合作中，我深刻感受到他对航空事业的热爱和执着，让我明白了作为一名航空人，不仅要有扎实的专业知识，更要有敢于冒险、勇于创新的精神。

除了在技术上的贡献，顾总对人才培养也倾注了大量心血。他认为，一个国家的航空工业要想持续发展，必须拥有一支高素质的专业队伍。在我国舰载机飞行员培训方面，我也曾与顾总有过一段难忘的合作经历。当时，我们的海军急需培养舰载机飞行员，但面临一个关键问题：没有合适的教练机。作为海军上舰飞机的技术组组长，我意识到必须要有专门的教练机来满足训练需求。我动员了航空工业贵州飞机工业公司（贵飞），让他们自筹资金，开始研制一款新型教练机。这款教练机需要进行大量的改装和改进，几乎等于重新设计一架新飞机。贵飞的工程师们经过风洞试验，成功提高了飞机的升力系数，使其更适合舰载机飞行员的训练需求。为了确保项目顺利推进，我邀请当时已经年逾 80 岁高龄的顾诵芬作为评审专家。顾总与我合作多年，彼此信任，他毅然决然地与我们一起前往贵州，参与了飞机的评审工作。最终，这款教练机成功定型，并被海军广泛使用。这段经历让我深刻体会到，航空事业的发展离不开前瞻性的思考和大胆的尝试。而顾总在高龄时依然积极参与评审，展现了他对航空事业的无限热爱和责任感。

如今，当我再次翻开这本书、这段历史，回忆起与顾总一起度过的那些日日夜夜，心中充满了感激和怀念。他为人诚恳谦虚，虽然已经取得极高的学术成就，仍时刻关注国内外航空发展的最新动态，不断学习新知识。顾总不仅是一位杰出的科学家，更是一位伟大的教育家和领导者。他用自己的一生诠释了什么是真正的爱国情怀和职业操守。我相信，随着《筑梦苍穹——顾诵芬》的出版，更多的人将会了解这位航空巨匠的光辉事迹，受到他精神的感召，投身于实现中华民族伟大复兴的中国梦的伟大征程中去。

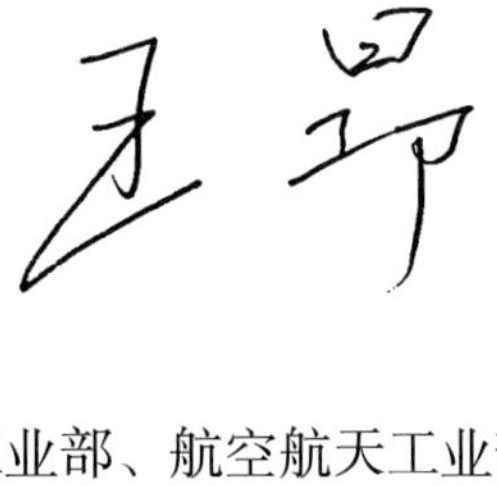

原航空工业部、航空航天工业部副部长

中国第一代空军试飞员

苍穹之上　伴梦翱翔

在中国航空工业的发展史上，有这样一位杰出的科学家和教育家，他用一生的时间，将个人的命运与国家的命运紧密相连，为中国航空事业的崛起和发展做出了不可磨灭的贡献。他就是中国航空科技事业的奠基人之一、新中国飞机设计大师、歼-8系列飞机总设计师顾诵芬院士，也是上海交通大学的杰出校友。他的人生轨迹，正是习近平总书记所强调的“广大科技工作者要把论文写在祖国的大地上，把科技成果应用在实现现代化的伟大事业中”的生动写照。当我翻开这本充满力量的《筑梦苍穹——顾诵芬》时，仿佛穿越时空，与一位伟大的科学家、教育家和爱国者面对面，深入了解这位航空界巨擘的非凡人生和卓越贡献。作为上海交通大学的校长，我深感荣幸能够为这本书作序，并借此机会向这位杰出的学长表达崇高的敬意。

在《筑梦苍穹——顾诵芬》中，我们可以看到顾诵芬学长如何从一个对航空充满梦想的少年，成长为我国航空工业的领军人物。他的成功，不仅源于其卓越的专业才能，更源于他对国家和人民深沉的热爱，以及对科学事业的执着追求。

1937年“七七事变”爆发后，当时年仅7岁的顾诵芬学长目睹了日本轰炸机从头顶飞过的情景，那震撼人心的画面深深烙印在他的心中。这次经历让他意识到，国家的强大离不开先进的国防技术，而航空工业正是其中的关键。从此，他立志要成为一名飞机设计师，为中国打造属于自己的蓝天卫士。

顾诵芬学长的学术生涯始于上海交通大学，1947年，他以优异的成绩考入交大航空工程系，从此踏上了航空报国的道路。在大学期间，他接受了严格的学术训练，特别是在应用力学和材料力学等基础课程的学习中，打下了坚实的理论基础。毕业后，他毅然投身刚刚创建的新中国航空事业，先后参与主持了歼教-1、初教-6等机型的设计研发，为中国航空工业的起步奠定了坚实的基础。

20世纪60年代初，为了响应我国空军对高性能的高空高速战斗机的迫切需求，中国航空工业沈阳飞机设计研究所开始了歼-8战机的研发项目，顾诵芬学长担任总设计师。这是一段艰难而充满挑战的研制历程，在解决歼-8飞机的跨声速抖振问题时，由于缺乏必要的地面试验条件，顾诵芬学长毅然选择冒着极大风险，亲自登上飞机进行空中观察。三次飞行中，他不顾个人安危，详细记录了飞机的振动情况，最终找到了问题的根源并提出了有效的解决方案。经过多年的努力，1969年歼-8首飞成功，标志着中国自主研发的第一款超声速战斗机诞生了。

除歼-8系列飞机之外，顾诵芬学长还主持或参与了多项重大航空工程项目，如运-10大型客机、国产大飞机专项等。这些成就不仅提升了我国航空工业的整体水平，也为后续的发展奠定了坚实的基础。

作为一名杰出的科学家，顾诵芬学长深知人才对于行业发展的重要性。因此，他在繁忙的工作之余，始终不忘关心和支持青年一代的成长。除了直接带教学生外，他还非常重视科普教育和社会服务。多年来，他多次回到母校上海交通大学，举办学术报告会和讲座，分享自己的科研心得和人生感悟。2009 年，他欣然接受上海交通大学出版社的邀约，担任“大飞机出版工程”丛书总主编。丛书至今已出版 200 余种航空航天类高端学术图书，为培养我国航空人才及技术更新提供参考，真正推动了产业发展。正如顾诵芬学长自己所说：“每当想到母校所给予我的一切，都会满心激动，满身暖意。总想着能取得一些成绩，来回报母校！”

《筑梦苍穹——顾诵芬》不仅是一部个人传记，更是一部中国航空事业的发展史和科学家精神的真实写照。通过这本书，我们可以深入了解顾诵芬学长的成长历程、学术成就和精神品格，感受到他对中国航空事业的无限热爱和无私奉献。我相信，这本书将成为广大读者了解中国航空工业的重要窗口，激发更多年轻人投身航空事业，为国家的科技进步和创新发展贡献力量。

苍穹之上，承载着顾诵芬学长的梦想，书写着中国航空工业的辉煌篇章。在波澜壮阔的中国现代化进程中，上海交通大学始终秉承“饮水思源，爱国荣校”的校训，培养了一代又一代杰出的科技人才。顾诵芬学长的事迹，是对我校“双一流”建设的有力推动，是对我校教育成果的最好证明，也是对我校学子的极大鼓舞。他的事迹告诉我们，只有将个人发展与国家需要紧密结合，才能实现最大的人生价值。今天，我们站在新的历史起点上，肩负着更加艰巨的任务和使命。希望大家以顾诵芬学长为榜样，继承和发扬他的爱国情怀、创新精神和育人之道，勇担时代赋予的责任，为实现中华民族伟大复兴的中国梦贡献力量！

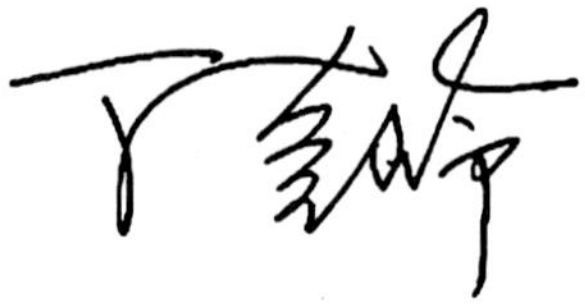

中国科学院院士、上海交通大学校长

天际丰碑　振策击空

在航空工业的浩瀚星空中，有这样一颗璀璨的明星，他用毕生的心血和智慧，为中国航空事业发展铺就了一条光辉的道路。他，就是我国航空界著名科学家、两院院士，歼-8 系列飞机总设计师——顾诵芬先生。今天，我怀着无比崇敬的心情，为这本《筑梦苍穹——顾诵芬》作序。

初入此领域，我便听闻顾总的诸多传奇事迹。在后来的岁月里，每一次与顾总交流互动，无论是技术研讨会上的思想碰撞，还是日常工作中的经验分享，他身上那份对待航空事业的执着与热爱，如同一团永不熄灭的火焰，深深感染着我。他常说："科学研究没有捷径可走，只有脚踏实地，才能有所成就；也只有不断学习、不断创新，才能推动航空事业向前发展。"他不仅身体力行，更通过言传身教，将这种昂扬奋斗、航空报国精神传递给了我们。在与顾总共事的日子里，他总是耐心地指导我们，鼓励我们勇于创新，敢于挑战。在他的引领下，许多年轻的工程师迅速成长为技术骨干与中坚，为我国的航空事业注入了新的活力。在他身上，科学家精神不是一句空洞的口号，而是贯穿他职业生涯的每一个行动。

顾总的爱国情怀，贯穿了他的一生。早在青年时期，他就立志要为中国的航空事业贡献自己的力量。在那个物资匮乏、技术落后的年代，他凭借着坚定的信念和顽强的毅力，克服了重重困难，成功研制出了我国第一代高空高速喷气式战斗机——歼–8。这一壮举，不仅填补了我国航空工业的空白，更为后续的航空发展奠定了坚实的基础。

众所周知，自主研制超声速战机的年代是技术封锁极为严峻的年代。缺乏关键技术资料，顾总就带领团队从零开始摸索；风洞等试验条件简陋，他就凭着非凡的智慧和顽强的毅力创造条件。他为了获取准确的飞机气动数据，不顾个人安危，亲自乘坐战机进行空中观测，这种以身许国、舍我其谁的气魄，至今令人动容。从歼教–1 的初步探索，到歼–8 系列战机的横空出世，他深知航空力量是国家战略安全的重要保障，唯有独立自主地发展先进战机，才能让新中国在世界之林挺起脊梁。

顾总常说："搞航空，就是要有一股子拼劲。"在研制歼–15 等机型的过程中，我们也遇到了许多困难和挑战。但每当我们感到迷茫时，初代航空人的那些话语总能给我们带来力量和信心。最终，我们成功研制出了歼–15 舰载机等型号，为中国军队的战斗力提升做出了重大贡献。

顾总这辈子，是一部波澜壮阔的航空史诗，他也成为无数航空科研工作者心中的灯塔。在他的引领下，中国的航空事业从无到有、从弱到强，逐步走向世界舞台。顾总的成就不仅体现在他设计的飞机上，更体现在他对航空工业的深刻理解和对国家战略的精准把握上。他不仅是一个技术专家，更是一个战略家和领导者。他不仅关注眼前的技术问题，更注重长远的发展规划。他曾多次强调：“航空工业的发展，必须要有国家战略的指引。”由此，我国航空工业逐步形成了以市场需求为导向、以技术创新为驱动的发展模式。

《筑梦苍穹——顾诵芬》不仅是一部传记，更是一部激励人心的精神宝典。这部传记也是对顾总人格魅力的一次展现。他的谦逊和智慧，使得他在科研团队中具有极高的威望，赢得了同事们和学生们的尊敬与爱戴，也使得团队能够团结一致，共同克服艰难困苦。希望翻开书页的读者们能够从中汲取力量，传承顾院士的风骨、气度与精神，为实现中华民族伟大复兴贡献自己的力量。

最后，我想用顾总的一句话作为结尾：“只要祖国需要，我愿意奉献一切。”这是他对祖国的承诺，也是对我们所有航空人的勉励。让我们携手并肩，共同书写中国航空事业更加辉煌的新篇。

中国工程院院士、歼–15 舰载机总设计师

大东北战天斗地，从小顾到顾总，从无数图纸到生死试飞，从教练机到战斗机，冷暖浮沉、顺逆进退，不负战友牺牲与妻母之爱，造就高空高速主力战鹰……

序章

人生何处是战机

顾诵芬在北京家中

（徐瑞哲 摄于 2023 年春节期间）

顾诵芬，男，汉族，1930 年 2 月生，中国共产党党员，中国科学院、中国工程院院士，中国航空科技事业引领者、新中国飞机设计师、新中国飞机设计事业奠基人之一、我国飞机空气动力学奠基人、航空工业第一位航空报国终身成就奖获得者。

“干惊天动地事，做隐姓埋名人。” 作为我国科技界的最高荣誉，国家最高科学技术奖于 2021 年被授予一位与同为交大杰出校友的核潜艇自主研发元老黄旭华经历相似的九旬院士，他就是我国航空界唯一一位两院院士、歼-8 系列飞机总设计师顾诵芬。数十个春秋“于无声处”，黄旭华骑鲸入渊，顾诵芬驭龙飞天……

顾诵芬把握了报国人生的战机，他创造了带飞战机的人生。

与父亲顾廷龙“文理不分科”

有人说，顾诵芬与父亲顾廷龙“文理分科”，走上了不同的发展道路，

1998 年 5 月，顾廷龙（右）与儿子顾诵芬摄于北京蒋家胡同 3 号顾颉刚旧居前

其实上海图书馆老馆长顾廷龙也是“工科转文科”，系时名“南洋大学”的交通大学（以下简称“交大”）1924 级机械系校友。至于顾诵芬为何选择蓝天，或与 1937 年“七七事变”有关。那一年，年仅 7 岁的顾诵芬目睹日寇的轰炸机从头顶飞过，“连投下的炸弹都看得一清二楚，玻璃窗被冲击波震得粉碎”。后来，顾诵芬就读于上海南洋模范中学（以下简称“南模”），其前身是南洋公学外院。从那时起，他就十分热爱制作航模。

在 2021 年底上海交通大学举办的“咏其骏烈，诵其清芬——顾诵芬校友事迹专题展览”上，顾诵芬的高中毕业照旁有若干同学的毕业赠言。其中有一条“预言”：“以君天才与好学，诚能为我国之科学界放一异彩。”专题展收录的顾诵芬入学时的“招生报名单”则显示，交大工学院航空工程系正

顾诵芬在交大时期使用的航模电机等

是其填报的第一志愿。1947 年，顾诵芬如愿入读航空名师荟萃的交大。

在严格的学术训练中，顾诵芬忆起：“我觉得受益最大的，还是二年级。二年级最基本的两门课，一是应用力学，一是材料力学，这两门课都是航空工程系教授季文美先生教的。”在战火烽烟弥漫的 1944 年，在季文美的倡议下，航空工程系成立了交大航空模型研制会，顾诵芬在入学后曾任相关负责人。

顾诵芬使用过的轻木

全英文、多公式、带图解的“飞机设计”实验报告，是顾诵芬在杨彭基教授指导下所作的。对于交大老师，顾诵芬回忆道：“飞机设计方法要归功于学校所教的各种机械设计课，当然最终还是得益于杨彭基先生教的毕业设计。”令顾诵芬自豪的是，在以后的工作中，他的一个本事就是拉计算尺——“速度在同事们中是最快的，这得益于在大学时期的学习”。

在高空贴身观察试验机抖振

“仿制而不自行设计，就等于命根子在人家手里。我们必须设计中国人自己的飞机！”“先进技术是买不来的，要也要不来，什么手段都不行，必须靠自己创新。”顾诵芬的这些话，言犹在耳，是不变的真理。

1951 年，顾诵芬以优异成绩毕业离校，毅然投身刚刚创建的新中国航空事业，在歼-8 之前，先后参与主持了歼教-1、初教-6 等机型的设计研发。回顾顾诵芬的人生战机，就仿佛在阅览一部新中国的航空工业史。

20 世纪 60 年代，为应对我国周边复杂的局势变化，空军急需一种高空高速歼击机，为此，沈阳飞机设计研究所[1]开始了歼-8 机型的研制，顾诵芬起先担任副总设计师，负责气动布局设计。1969 年，歼-8 首飞成功。其后，顾

顾诵芬在后座乘歼教-6 飞机升空，前排飞行员为鹿鸣东

1　沈阳飞机设计研究所隶属中国航空研究院（六院），也称为“沈阳所”“六院一所”“601 所”等。

顾诵芬于 20 世纪 60 年代所摄

诵芬又带领团队接连攻克飞行抖振等一系列技术难题，在首飞整整 10 年后，飞机才正式设计定型。

在那张经典而罕见的合影里，顾诵芬坐在歼教-6 飞机的后座上，与试飞员鹿鸣东同框，道出科学家亲身试飞的传奇。1977 年，为解决歼-8 飞机的跨声速抖振问题，在地面试验条件缺少风洞，无法确定振动原因的情况下，从未接受过飞行训练的顾诵芬说服领导、瞒着家人，不顾个人安危三上云霄，在巨大过载中亲自观察贴在飞机表面的毛线条，从高空近距离掌握试验机的抖振情况，找到问题症结并最终克服。

40 多年前，顾诵芬受命任歼-8 Ⅱ飞机型号总设计师，成为我国航空工业史上首位由国家任命的型号总设计师。时隔 4 年，他即带领团队成功首飞歼-8 Ⅱ。其速度之快，质量之好，开新机研制史的先河，也实现了我国从一代战机向二代战机的自主跨越。由此，歼-8 系列飞机作为我国空军的主力战机，服役了近半个世纪。1985 年，歼-8（白天型、全天候型）飞机获得国家科技进步特等奖。

这相当于中国航空工业诺贝尔奖

在他设计的代表作和成名作由蓝图飞向蓝天之后，顾诵芬先后担任中

顾诵芬院士（左）与李天院士等在一起

国航空工业集团有限公司科技委副主任、中国航空研究院副院长等职，在C919、歼-10、运-20、歼-15等多个型号研制中担任技术顾问、专家组负责人或成员，为解决设计与研制中的关键性技术难题做出了重要贡献。

顾诵芬主持建立了我国飞机设计体系，组织攻克了一系列航空关键技术。桃李不言、下自成蹊，其带领的团队中走出了管德、李明、李天、杨凤田、孙聪等两院院士，以及一大批航空工业领军人才。

对于这位长者，中国航空研究院院长、舰载战斗机歼-15总设计师孙聪院士表示："我们跟他在一起工作，耳濡目染他的工作行事风格和对待科研认真的态度，受益匪浅。我们从中也自觉或不自觉地学习到了这些东西。"顾诵芬带教的博士生、航空工业科技与信息化部原部长魏金钟也表示："顾老治学非常严谨，对各种物质、各种名誉没有什么追求，就关心技术的发展。"

在现今发现的众多手迹中，有 1991 年顾诵芬获航空工业部“航空金奖”后李政道先生写给他的一封祝贺信，称“这相当于中国航空工业的‘诺贝尔奖’”。面对事迹公开后的种种褒奖，顾诵芬淡然地说：“回想我这一生，谈不上什么丰功伟绩，只能说没有虚度光阴，为国家做了些事情。”他还说，“我没有做很多事。现在的年纪更大了，也做不了什么事。希望年轻一代真正为航空工业做出重大贡献。”

时至今日，年过九旬的顾诵芬只要身体条件允许，仍然每天前往办公室阅读、翻译相关书籍。2021 年国家最高科技奖颁奖之前，时任上海交大校长林忠钦院士一行人赴京探望老校友，为其颁发 2021 年度杰出校友终身成就奖。顾院士说：“了解航空的进展，就是我的晚年之乐。”

顾诵芬与老伴在一起（徐瑞哲 摄）

第一章

家族渊源：一门书香，三人交大

1935 年 8 月顾氏兄弟及家人在北平成府蒋家胡同寓所
左起：顾自珍（顾颉刚次女）、潘承圭携顾诵芬、顾颉刚夫人、顾诵诗、顾颉刚、顾廷龙

从一张老照片说起。在一个院子中庭，读小学的顾诵芬穿着背带裤，张开双腿坐在地上，身前满是各种交通工具模型，正在换牙的他顽皮地咧嘴大笑……

由于工作性质特殊，顾诵芬甘为“无名英雄”很多很多年，他的父兄可能比他知名度更高。其父顾廷龙是著名古籍版本目录学家、书法家，曾为上海图书馆馆长；族兄顾颉刚，又名顾诵坤，为著名历史学家。顾诵芬出身书香门第，其“诵芬”一名为曾外叔祖父王同愈所取，出自西晋陆机传世之作《文赋》中的“咏世德之骏烈，诵先人之清芬”。

顾诵芬读小学时喜欢的玩具

顾诵芬一直珍藏着父亲的墨宝和文集，并在父亲去世后，将他的两本著作——《顾廷龙书法选集》和《顾廷龙文集》赠送给母校(上海交通大学)。顾诵芬的叔父顾廷凤自1926年至1930年求学交大，和交大知名校友张煦、王宏基是同班同学。冥冥之中，顾诵芬与交大便结下了不解之缘。

1935年，顾诵芬之父顾廷龙应邀赴燕京大学图书馆任职。于是，5岁的顾诵芬随全家迁居当时的北平。1937年7月28日，侵华日军轰炸中国二十九军营地。在顾诵芬的幼时回忆里，漫天压得人睁不开眼的轰炸机从头顶飞过，“投下的炸弹都看得一清二楚，玻璃窗被冲击波震得粉碎”。那时，这个孩童便想要保卫祖国蓝天将来不再遭受外国侵略。1939年，他平生第一次得到叔叔赠予的一架橡筋动力杆身模型飞机，不久后，父亲又以当时几乎可以买一袋米的钱，为他买了一架橡筋动力舱身模型飞机，从此他开始了由玩航模到爱航空的成长道路。

顾氏家族位于苏州十梓街的老宅

小学毕业后，顾诵芬就读于上海南洋模范中学，这所中学离交大很近，原本便是从交大前身南洋公学的外院、附小演变、独立出来的，教学上长期对接交大，为交大提供了大量优质生源，相当于交大准“附中”，因此顾诵芬在中学期间就对交大的学风、办学情况比较了解。

高中毕业后，顾诵芬报考了有航空工程专业的浙江大学、清华大学和交通大学，全部被顺利录取。或许是由于父亲顾廷龙和叔叔顾廷凤都曾就读于交大，最终，他选择了交大航空工程系本科。入学后，他立即投身学校的航空模型研究会，结识了一批志同道合的诤友，开启了长达70年的航空奋斗史。

顾诵芬在《名人话航模》的署名文章中还特别提到，航模不仅寓教于乐，教他航空知识，而且对他后来的事业有很多实际的帮助。例如，1958年在检查我国第一架自行设计的喷气式教练机的舱盖投放是否会打到垂直尾翼（以下简称“垂尾”）时，他用航模技能制作了缩比动力学相似模型用于风洞试验；1961年在进行歼-5加挂副油箱安全性试验时，他用轻木制作副油箱缩比模型，配以高速摄影，解决了技术难题。顾诵芬认为，开展航模活动对造就航空人才非常重要，现在中小学搞航模已普及，相信我国一定能从航空大国转成航

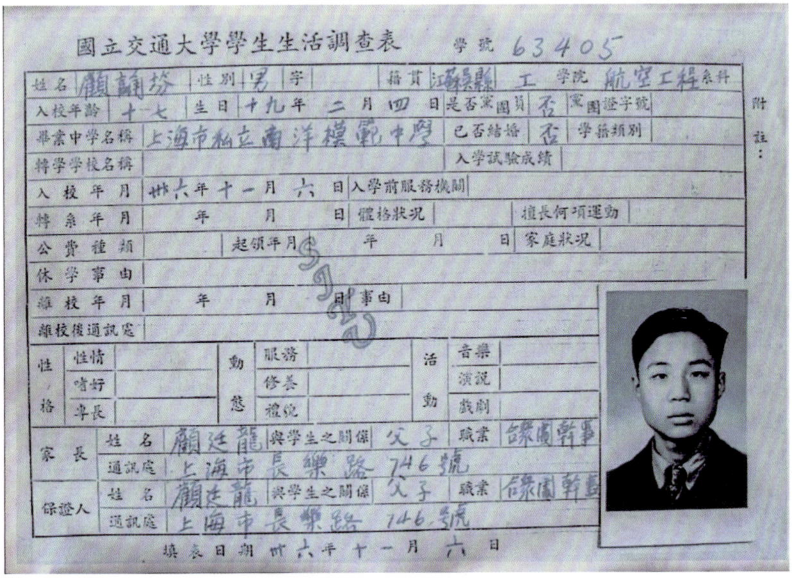
國立交通大學學生生活調查表 學號 63405

姓名 顧誦芬 性別 男 字 籍貫 江蘇吳縣 工 學院 航空工程系科
入校年齡 十七 生日 十九年 二月 四日 是否黨團員 否 黨團證字號
畢業中學名稱 上海市私立南洋模範中學 已否結婚 否 學籍類別
轉學學校名稱 入學試驗成績
入校年月 卅六年十一月六日 入學前服務機關
轉系年月 年 月 日 體格狀況 擅長何項運動
公費種類 起領年月 年 月 日 家庭狀況
休學事由
離校年月 年 月 日 事由
離校後通訊處
性格：性情 嗜好 專長
動態：服務 修養 禮貌
活動：音樂 演說 戲劇
家長：姓名 顧廷龍 與學生之關係 父子 職業 圖書館幹事
通訊處 上海市長樂路746號
保證人：姓名 顧廷龍 與學生之關係 父子 職業 圖書館幹事
通訊處 上海市長樂路746號
填表日期 卅六年十一月六日
附註：

顾诵芬作为交大学生的生活调查表

顾廷龙与潘承圭

空强国。

值得注意的是，2021年在给新任教育部部长怀进鹏院士的信中，顾诵芬这样写道："回忆我的成长历程，（我）感到航空模型活动对于训练科学思维、培养技能与品格，均有良好作用，同时也深感学习科技应从娃娃抓起。最近，全国教育战线都在落实'双减'政策，学生们有了参加自己喜爱的科技教育实践活动的时间与空间，我的上述愿望可以实现了，希望有更多的青少年积极参加航空模型运动，从小立下航空报国的梦想，长大成为报国英才。"

顾潘之后"诵"字辈

姑苏城内，大宅院里，"诵"字辈诞生

1930年2月4日（农历正月初六），顾诵芬出生于江苏省苏州市严衙前（今

十梓街）一座大宅院里。这所住处是顾诵芬的曾祖父顾祖庆（1859—1919）在20世纪初买下的。此后数十年，原有的院落因曾经住进几十户人家而被分割得支离破碎，如今住户已全部搬出，顾廷龙故居经修缮，老宅基本恢复了原貌，可见当年苏州传统大型民居中家族的显赫。

1922年，顾诵芬的父亲顾廷龙就在这里迎娶了苏州城里另一名门望族——潘氏家族潘亨谷的女儿潘承圭。那一年，顾廷龙18岁，潘承圭17岁。翌年，他们的第一个儿子顾诵诗出生。顾廷龙全家与其他顾氏亲眷一直住在这里，直到7年后次子顾诵芬出生。

1924年，时年20岁的顾廷龙考取了南洋大学机械系，但他对数学物理并无兴趣，随即弃理从文，转而进入由清末民初民主革命家、思想家、著名学者章太炎主办的国民大学商科经济系，继而又转入国文系，走上金石目录治学之路。1930年时，他还转入持志大学国学系。

1931年，就在次子顾诵芬度过周岁生日后不久，顾廷龙考入燕京大学研究院国文系，负笈北上；1932年修业期满，获文学硕士学位。暑假顾廷龙回苏州省亲，父亲顾元昌对顾廷龙的叮嘱是："尔学程上虽告一结束，实于学业方为发轫，毋以一得自封。故都人文荟萃，足资请益，可图深造。""遂命秋后继续北上。"毕业后，顾廷龙受聘于燕京大学图书馆，主要任务是为图书馆采购图书，同时担任美国哈佛大学燕京图书馆驻北平采访处主任。

论艺术造诣，顾廷龙年轻时的书法已经很有成就。顾元昌当时在苏州振华女校（今苏州十中）等校任书法教师，当时的振华女校在十全街，与严衙前相隔不远。有时顾元昌身体欠佳，就让顾廷龙代他去给学生上课。

顾诵芬记得当时请祖父写字的人很多，祖父写不过来，就由父亲代笔。他讲过："我祖父非常重视书法，我 3 岁的时候他给人家写对联，硬是把着我的手让我写。"

3 岁时住潘氏外婆家，比顾家还大

顾诵芬的母亲身体柔弱，每年春季都会有一段时间卧床养病。1933 年 10 月 7 日，祖父顾元昌由于肝胆疾病加剧去世，享年 58 岁。家中遭此变故，虽有保姆照看，但母亲还是放心不下，于是将顾诵芬送给自己的母亲照顾。

顾诵芬对这一段经历记得很清楚："我大概 3 岁的时候母亲就把我放在外祖母那里，在外祖母家里住，外祖母管我。外祖父去世很早，我外祖母信佛，很虔诚，她有个女佣也信佛。我去了以后跟外祖母睡一张床，那个女佣管我。外祖母家的房子比我们家还要大，还有假山，有鱼池。"

在外祖母家住的时间虽然不长，但还是给顾诵芬留下了不少记忆。那是在苏州相当阔气的一个家庭。因外祖父去世很早，家庭主要靠顾诵芬的大舅舅潘承厚支撑。潘承厚 16 岁就当家了，文采也很好，能画画，也能写字。他们都由私塾老师教学，念的古文很多。外祖母家的老二就是顾诵芬的母亲。老三潘承弼也是研究国学的，后来就到合众图书馆去了，有很深的文学底子。他也是章太炎的学生，在国学专修学校念的书。

顾诵芬回忆苏州老家的生活时认为，自己的家庭背景就是这样，在旧社会也没有吃不饱的时候，而且还能把他们在乡下的田租给村民，村民每年秋天来交粮交钱，以此维持这个家。战争来临时人们生活受到很大影响，佃租也收不上多少了，所以顾诵芬父亲那一代都去找工作谋生。

事实上，顾诵芬的家学也并非全都很“文艺”。比如父亲的亲弟弟顾廷凤是学机械的，跟顾诵芬的老师曹鹤荪、王宏基都是同学，他念了两年多大学，没念完。“我的绘图仪就是他传下来的，很不错的德国货，鸭嘴笔做得很精密，可以画很细的线，国产的做不到。现在买不着那个了。”顾诵芬记得这件宝贝。

叔叔顾廷凤英文比较好，也经常在报刊上发表文章，结果被上海的《密勒氏评论报》（*The China Weekly Review*）聘用，斯诺曾在那里当记者。顾廷凤因为能写，也能说一些，后来他老板就让他负责杂志的广告部分。该报比较倾向于抗日，他也爱国，那时候洋行的华员组织的抗日救援活动他都参加了。

苏州老家，4 岁的顾诵芬扛支玩具枪（1934 年）

顾诵芬住在外祖母家的那一段时间，由于家中的孩子都比他大，不总在一起嬉戏，父辈之间以及经常登门造访的大人们的言谈举止更引他注意。在这样一个大家族中，信息量之大、知识层次之高是罕见的。父亲、舅舅、叔叔，还有诸多堂叔、表舅在一起时所说的那些他似懂非懂甚至完全听不懂的字句、所表述的那些新鲜事物，使他感到新奇而有趣。

迁住上海叔叔家，见识工程师姑父

1935年上半年，叔叔顾廷凤因为膝下无子，就把顾诵芬带到了上海。顾廷凤在上海的住宅是很有名气的万宜坊，即今上海黄浦区重庆南路205弄，是法租界中精心设计的上等住宅区。

与顾氏家族联姻的，多为门当户对的名流大户。顾诵芬的姑姑顾廷慧，字智文，嫁给了教育家、实业家、政治家黄炎培的堂弟黄櫆培。姑父黄櫆培对顾诵芬影响很大，顾诵芬记得父亲曾讲过："我们家族里面真正称得上工程师的就是你姑父。"

虽然姑姑在顾诵芬出生前就患病去世，但黄櫆培与顾廷龙的关系仍然密切如故。抗战时期，黄櫆培把自己的二女儿黄筠托付给顾廷龙照顾。在顾诵芬的记忆里，二表姐住在合众图书馆，平日还帮着做一些抄写卡片的工作。中华人民共和国成立后二表姐参了军。

顾诵芬5岁那年到上海叔叔顾廷凤家住时，姑父黄櫆培曾经开着私家车带顾诵芬和两个女儿兜风。顾诵芬记得："姑父自己也有一辆车，是英国的奥斯汀，车很小。姐妹俩跟我都挤在车后面，晚上去看夜景，这个还有印象。"

在这个庞大的家族亲友网络中，小小年纪的顾诵芬受到了传统学识和外来科学技术知识的熏陶和影响。姑父黄櫆培对他的影响不仅限于工程技术，还有高尚的人品道德和爱国主义精神。大表姐黄夙在一篇纪念自己父亲的文章中这样写道：

我父亲崇尚科学，面对贫穷落后的旧中国，他把所学的科技知识和国外先进技术运用到兴办民族工业上，研制国产机械设备，为实现“工业科技救国”的抱负做着不懈努力。

……1932 年 1 月 28 日，淞沪战争爆发，父亲积极奔走呼号，动员市民为抗日将士募捐，他还发动全厂职工并会同胡厥文先生的新民铁工厂为前线制造了一批手榴弹、迫击炮引信等前线急需的军需物资。他还带领全家老小制作棉背心和装米的米袋，8 岁的我将炒米装入米袋的经历至今仍记忆犹新。他还为 19 路军架设电网，与蔡廷锴将军面谈，了解前线战况和需求，并赶往有关部门洽谈前线装甲车、防毒面具等军需品的配备事宜。抗日将士为了答谢父亲，特赠他一块铜制的敌人炮弹底座留作纪念。父亲请其兄黄炎培为其题词，伯父欣然为父亲题了“铁花何斑斑，中有战士血”的词句。父亲将伯父的手迹亲自镌刻在炮弹底座上，以缅怀那些为国牺牲的抗日将士。“八一三”日寇入侵上海时，我母亲将“炮弹底座”埋在家门前的冬青树下，等 8 年抗战胜利，家人将其取出时，“炮弹底座”因受腐蚀字迹已经模糊了。现在此物已捐献国家，陈列在中国革命历史博物馆内。[1]

姑父黄槱培的事迹，顾诵芬曾多次听父亲、表姐说过。他回忆起姑父时，

---

1 《怀念父亲黄槱培》，作者黄夙，于 2010 年发表于民建中央网站。

语气中饱含敬重：“姑父很爱国，‘一·二八’的时候给十九路军送东西，他自己开着车去。‘八一三’以后，他主持把他们厂搬到了重庆。”

这些长辈虽然都有很深厚的文史学识功底，但最终选择了科技、实业，这样一个家族环境对顾诵芬的成长、事业选择和人生道路产生了很大影响。

与顾颉刚同住北平

铁路轮渡跨长江，住进北平顾颉刚家

顾诵芬在叔叔这里住的时间不长，很快，父亲顾廷龙就决定携全家北迁。这一年，顾廷龙毕业了，在燕京图书馆工作。每年气候不宜时，顾诵芬的母亲都有一段时间起不了床，顾廷龙就从北平回苏州来照顾妻子。在这种情况之下，顾廷龙下决心于 1935 年带全家去了北平。

此前 1934 年时，铁道部开通了上海至北平带“活动引桥”的直通车，全程 34 小时，由上海经南京铁路乘轮渡到北平，旅客中途无须下车。

顾诵芬就是乘坐这一直通车与母亲、哥哥一起随父亲由苏州出发的。在南京的下关渡口，5 岁的顾诵芬饶有兴致地从车窗里仔细观察火车如何缓慢地经过引桥开上轮渡。只见在机车的推动下，多节车厢一会儿前行，一会儿后退，不断调整以对准轮渡上的轨道，然后在轮渡上停稳、固定。到浦口码头后，岸上有吊桥放下，吊桥与轮渡上的轨道对接相连后，机车将列车牵引上岸。

到了北平，燕京大学安排汽车到前门火车站接顾廷龙一家，虽然只有不到 20 千米的路程，但一路颠簸，走了三四个小时。他们住进了族兄顾颉刚地处北平海淀的成府路蒋家胡同 3 号院的住宅。一家人的随身行李很简单，也就是被褥以及装着随身物品的箱子，新家的家具都已由顾颉刚准备好。

与族兄顾颉刚开启了一辈子学术之交

1929 年 5 月，顾颉刚始任燕京大学国学研究所研究员兼历史系教授，又在北京大学兼课，主编《燕京学报》，并专心于古史研究。正是由于顾颉刚在燕京大学教书，顾廷龙才有可能就读燕京大学；也正是由于与顾颉刚的关系，顾诵芬全家才有可能离开苏州来到北平。

顾诵芬全家和叔婶（1935 年）

他们到北平的时候，正是顾颉刚名气最大的时候，他在多处任职，每天往返于城里城外。在北平的教授中，就他有自己的私家汽车，顾诵芬还乘坐过他的汽车。当时顾颉刚的父亲在杭州任县官，到北平来看他，顾颉刚安排父亲游览北平的名胜古迹。别人没空陪，而顾诵芬在上学，就请了假陪他，去了颐和园、玉泉山等地。

那个时期，顾廷龙一家住在蒋家胡同3号院的西屋，顾颉刚住北屋。那是一个很大的院落，隔壁4号院住的是郭绍虞先生。父亲顾廷龙一项很重要的工作是协助顾颉刚编纂一部名为《尚书文字合编》的著作。顾颉刚参与编写的《古史辨》多处引用《尚书》，而《尚书》又有多种版本需要考证，他将这项工作委托给顾廷龙完成。

儿时的顾诵芬对父亲的工作很有兴趣，他看到父亲把一种日本生产的用来做印刷纸型的棉纸放在一块玻璃板上，下面点灯，映出从各处搜集来的不同历史时期、不同版本的《尚书》摄影照片等，一字字地描摹，然后送交制版工人刻成木版。刻成的木版堆满了整整一间大屋子。顾诵芬记得，父亲每天都在北屋工作到很晚。

顾诵芬与父母在颐和园

顾诵芬在北京工作期间，常去顾颉刚家。1956年，中央号召向科学进军，航空工业局（又称“四局”）领导安排顾诵芬自己找一位导师。由于顾颉刚当时在中国科学

顾诵芬全家在燕京大学合影

院工作，所以顾诵芬请顾颉刚代为推介。顾颉刚很认真，为他介绍了早年留学日本、曾在京城观象台任职的天文与气象学家王应伟先生。王应伟是顾颉刚的表叔，是著名光学专家王大珩的父亲，当时在中国科学院自然科学史研究室工作。他在数理方面很有造诣，子女很多，而且在学术和事业方面都很有成就。按照顾颉刚的指点，顾诵芬带了著名空气动力学家冯·卡门的一本著作《数学物理方法》到北京东城一个大院登门求教。王老先生听顾诵芬讲明来意，看了看他带去的书，笑笑说："你就自己学吧"。

在燕京附小西式教育中结交挚友

1935 年 9 月，顾颉刚全家迁入城内枣林大院一号，成府寓所就由顾廷龙一家居住并代为照看。就在此时，顾诵芬进了燕京大学附属小学（以下简称"燕京附小"）读一年级。

对于在燕京附小的生活，顾诵芬有着许多有趣的回忆。燕京附小的教育模式跟苏州不一样，同学也多，能常在一起玩。那时候，他们经常出去钓鱼，就在未名湖。钓鱼时，他们就在岸边上站着，看石头缝。“那鱼叫爬拉虎还是什么的，就趴在石头上，扁扁的，不在水里游。鱼钩不是买的，都是自己做的——拿别针弯一下，上了鱼饵以后很快就能钓起鱼，一般一个下午能钓起来两三条。”

那时候，燕京附小在燕京大学校园里，而今原来的房子都看不见了。那是土房子，一排大概有六间，四间是课室，两间是老师的休息室。未名湖附近有座水塔，从水塔那里上个坡后，很快就到燕京附小了。

学校建设得很差，就铺了一个小足球场。顾诵芬就在这里学会了踢小皮球，另外就是骑自行车。当时有好几个同学有小自行车，有一回他们把自行车脚撑支起来，让顾诵芬在上面骑，好像挺安全。谁知道骑着骑着，后边那个支架翘起来了，那自行车就向前走了。顾诵芬就这么学会了骑车，没摔过跤。那时，他读小学四年级了。

燕京大学教育系的学生会成员来燕京附小实习，给小学生上课，所以附属小学也有实验小学的性质，顾诵芬在这里开始接受西方的教育。小学时期，顾诵芬性格内向，但在学校里也结交了一些朋友，其中联系最多、交往时间最长的是后来成为美国航空复合材料专家的同班同学蔡为崙。

小诵芬学骑自行车

蔡为崙的父亲是燕京大学的总务长蔡一谔，很早就参加过反清革命活动。1939 年顾诵芬随父亲去上海以后，跟燕京附小的其

全家在燕京大学适楼前合影

他同学完全没有了来往，但与蔡为崙差不多每个月会有一封信往来，两个小学生之间的通信一直持续到 1941 年“珍珠港事件”发生。1946 年，当年小学的好友都已经面临考大学，蔡为崙又给顾诵芬来信，告诉他，自己从北平育英学校（今北京市第二十五中学）毕业，暑假在美军的汽车修理厂工作，准备考燕京大学机械工程系。

1948 年，蔡为崙随父亲赴美，路过上海的时候给顾诵芬留了一封信，说他要去美国，之后就音信全无。蔡为崙于 1952 年获美国耶鲁大学工程学学士学位；1961 年获该校工程学博士学位，曾担任美国空军材料研究所机械及表面相互作用部主任；1968 年以后，一直担任美国华盛顿大学客座教授；1986 年当选为全美机械工程师学会冬季年会会员。

而顾诵芬与蔡为崙再次取得联系时，已是 1980 年。那年，北京航空学院（今北京航空航天大学）邀请蔡为崙来华讲课，在中航工业沈阳飞机设计研究所（601 所）从事复合材料垂尾装机试飞的高级工程师陈宗联接到了听课通知。顾诵芬听闻后对陈宗联说，蔡为崙是他小学同学，请代致问候。

1980 年 9 月，两人久别重逢。那一次，顾诵芬参加中国航空研究院（亦称“国防部第六研究院”），即六院回访美国国家航空航天局（NASA）的代表团去美国访问，对方出面接待的是 NASA 的一位负责人。顾诵芬向他提出想与蔡为崙通电话，对方莞尔一笑，说不用打电话了，他在你们访问的下一站等着你。

因为是由时任航空工业部副部长徐昌裕带领，NASA 全程安排了专机接送，先从华盛顿特区到距其约 200 千米的兰利研究中心（Langley Research Center），然后到了著名的赖特 – 帕特森空军基地（Wright–Patterson AFB）。下飞机时，蔡为崙已经等在舷梯旁，手里拿着一张顾诵芬小时候的照片。在场的中美专家看到他们相认，均感慨不已。在美国空军基地的招待所，东道主为他们安排了一个住所，两间卧室，中间为客厅兼厨房。两人促膝长谈，彻夜未眠。

1987 年，《复合材料学报》第 3 期刊出一条消息：“美国空军材料试验室非金属分部负责人、华盛顿大学教授、国际复合材料杂志主编蔡为崙博士（Dr. Stephen W. Tsai），受航空工业部 601 研究所之邀，同意担任本所复合材料研究和应用预研项目技术顾问。”

2000 年以后，两人联系逐渐减少，但顾诵芬还是很关注蔡为崙的动向。2012 年 2 月 14 日，时任美国副总统拜登和国务卿希拉里 · 克林顿在美国国务院举行午宴，招待来访的时任中国国家副主席习近平。媒体报道，希拉里专门邀请了美国华裔名厨蔡明昊作为此次午宴的大厨。希拉里称，要特别表扬这位天才的厨师“施展中西合璧的烹调技术，奉献了一桌美味的午宴”。这位蔡明昊，就是蔡为崙的儿子。

顾诵芬在一次谈话中讲道：

习近平副主席去美国，希拉里设宴招待，有个大厨是蔡为崙的儿子，燕京的通讯上专门登了照片，是蔡为崙、他儿子与希拉里等 4 个人一起照的一张照片。他儿子很厉害，经常在美国电视台讲怎么做菜。蔡为崙是耶鲁大学毕业的，搞材料。他跟颜鸣皋院士是先后班的同学。蔡为崙的儿子也是耶鲁毕业的，毕业以后到法国去学厨艺，现在就是开饭店。

1985 年，搞“八二工程”的时候我们去谈判都是在赖特－帕特森基地，那个基地是美国空军的研究院，蔡为崙在材料研究所。那次他就把中国代表团都请到他们家开的那个饭店去吃了一顿饭。他的夫人是学教育的，她的父亲也是燕京的。餐馆在市里边，很小的一个店面。那时都是自助餐，

顾诵芬与母亲在燕京大学校园内

我们的人不怎么欣赏，但是陪我们的美国军人非常欣赏，大吃了一顿。

后来我去了他家里一次，因为外事规定不能一个人活动，我拉了黄昌默一起上他家，家很大，当时他给我演示了用透明板做的幻灯片。从计算机怎么打印，到怎么出图版那一套，他在地下室专门有一间房干这事，他给我介绍了一通。[1]

“七七事变”惊梦

日寇狂轰滥炸，“玻璃窗被冲击波震得粉碎”

然而，顾诵芬对北平印象最深的记忆是1937年发生的“七七事变”。由于燕京大学具有美国背景，因此“七七事变”发生之时，日本人没有接收燕京大学。表面上这所“美国学校”好像与日本侵略者相安无事，但中国教师饱受屈辱，每一次进城都会被搜查。

顾诵芬记得，当时的燕京大学分为几部分。校园的基础是淑春园，这是乾隆皇帝赏赐给宠臣和珅的花园，号称“京师第一私人园林”。燕东园是教

1 “中国工程院院士传记”《顾诵芬传》，航空工业出版社和人民出版社于2021年1月出版。

授们居住的园区，还有燕南园和蔚秀园。蔚秀园在燕京大学西门对面。

“七七事变”后，校园周边社会陷于混乱，日本人时有骚扰，且盗贼较多。顾诵芬一家避入学校，暑假期间学生宿舍有空房间，他们于是住进了学生宿舍。但这毕竟不是长久之计，所以住了没多久，他们就借住到了有空闲房间的教授家。空房间太少时，一家人还得分开住在不同人家。他们白天可以待在校外自己家，晚上出于安全，必须躲到校园里边。

然而校园里也并不保险，难以预料的劫难总会使父母提心吊胆。有一次，顾诵芬的父亲和哥哥住在一名教授家中，母亲带着顾诵芬住在另一家。第二天，父亲告诉母亲，他们夜里遇到了劫匪，身上带着的钱被洗劫一空。

这样折腾了一个月左右，他们找着一个在燕东园里的空房。那是燕京大学文学院学生王世襄的房子，不通水，也不通电，晚上得点蜡烛。在那住了半个多月后，他们总算搬到蔚秀园去住，三间屋子，也还可以。园子很不错，有个小池子，夏天蛤蟆叫，有小鱼游得很快。那鱼能从水里跳到荷叶上头，顾诵芬有时候就从荷叶上逮鱼，玩得很开心。

半年之后，战乱局面稍有安定，父亲随即决定搬回蒋家胡同，但 3 号院已经被折腾得乱七八糟，他们只能租了 2 号院。2 号院的结构与 3 号院相似，顾诵芬一家住的还是西屋。2 号院住着的几家人相处得很融洽，其中北屋住的是燕京大学社会学系的讲师黄迪。黄迪原为燕京大学学生，师从吴文藻先生，与费孝通、林耀华、瞿同祖是同学；毕业后留校任教，参与并指导学生在北平郊区清河镇社区做社区调查研究。

在蒋家胡同 2 号院住的时候，黄迪的孩子刚出生。在顾诵芬和哥哥眼里，这个几个月大的婴儿实在很好玩，所以他们经常会跑去逗孩子玩。

侵华日军轰炸北平

1939 年离开北平到上海时，顾诵芬很慷慨地将自己的玩具都送给了这孩子。

蒋家胡同 3 号院遭难是有原因的。当年顾颉刚积极从事抗日宣传，编写了很多通俗的抗日读物，如讲述傅作义部队 1933 年 3 月在喜峰口抵御日寇、大获全胜的连环画等。顾颉刚的言行引起了日本方面注意，他被列入日本欲捕文化学者黑名单。时任平津卫戍司令的宋哲元通知顾颉刚，让他离开北平以免遭迫害。

1937 年 7 月 21 日，顾颉刚于夜间仓促出走，所有留存于燕京大学成府寓所的书籍、稿件、信札以及抗日宣传品均由顾廷龙代为保管。在顾颉刚的学生侯仁之的协助下，顾廷龙购置了 20 多只大木箱，将这些珍贵的资料存放在了燕京大学校长司徒雷登住所的地窖里。

“七七事变”后，除了社会的动乱和生活的颠沛以外，在小学生顾诵芬的心中，还有一件令他感到压抑的事——老师要求将课本中所有提及国耻纪念日等有反日倾向的内容撕掉。

事变后的 7 月 28 日，日军轰炸二十九军营地。那天一早七八点钟，北京蒋家胡同 3 号院那方天空上，日寇的战机排着队往西飞。轰炸机就从顾诵芬家上空飞过，投下的炸弹似乎就要落在头上。顾诵芬说，当时人们惊慌失措，不知道如何是好，幸好住西屋的燕京大学教师韩汝霖刚从德国回来，受过防空训练。“千万别出来，赶紧躲在桌子下！”他告诉大家这样能防止因屋顶被冲击波震塌而受伤。

半个世纪后，顾诵芬陪父亲旧地重游，在蒋家胡同合了个影。1993年5月，在全国总工会组织的一次报告会上，顾诵芬讲道：

> 我从事航空工业已有40多个春秋，先后组织领导和参与过多种飞机设计工作，为祖国的航空事业做了一些工作，取得了一点成绩。党和人民给了我很多、很高的荣誉。这荣誉应归功于那些为振兴中国航空工业的领导和默默无闻、顽强奋斗的广大工人、技术人员。其实，这些年我在实现着一个童年的梦想。“七七事变”爆发时，我在北平目睹和经历了日本帝国主义飞机的狂轰滥炸，它们给中国人民带来了巨大的灾难。那时，我就有一个梦想：我要设计飞机，保

顾诵芬与哥哥顾诵诗在蒋家胡同

卫祖国的领空。

受哥哥启蒙并萌生对航空的热爱

值得一提的还有顾诵芬的哥哥。哥哥顾诵诗出生于1923年，在苏州时已经从小学毕业，所以到北平后开始读初中一年级。虽然燕京大学设有附属中学，但父亲觉得此校教学水平不够高，于是将顾诵诗送到了地处市里西绒线胡同的崇德学校（今北京市第三十一中学），这是北京建校最早的普通中学之一。

哥哥顾诵诗学习成绩很好，家学渊源，从小打下了深厚的国文功底，字写得好，文章也写得不错。不仅如此，他还喜欢自然科学，在苏州读小学五六年级的时候就开始学装矿石收音机。

1938年1月2日，在顾廷龙的读书札记中记着："一月二日，命诵诗将金刻《尚书》照片装粘成册，照片系吉川善之所赠，共二十八叶，原本藏江安傅增湘。"那一年，顾诵诗15岁，但已能承担父亲交给的修裱装粘之类的精细工作。

2004年末，顾诵芬去中央民族大学，为父亲的老友王钟翰教授送上新出版的《顾廷龙年谱》。交谈中，王钟翰先生提及当年在中学读书的顾诵诗，说他对历史学习研究很有天分，记忆力超群，虽然只是一个中学生，但已经很有独立、超逸的见地。

顾诵诗也很喜欢理科。到北平以后，由于母亲居家时间较多，他自己动手专为母亲组装了一台矿石收音机。闲暇时，母亲会戴上耳机，听听歌曲。小小年纪的儿子有这样的本事，让母亲感到无比欣慰。

年长7岁的哥哥对弟弟的影响是无形而又巨大的。崇德学校对国文、数学，特别是英文等重点课程的教学抓得紧，对学生学习、自修的管理和督促也很严格，对西方的文化，尤其是与工程技术相关的知识教育看得很重。

当时学校里教学生用硬一点的纸板做滑翔机，用橡皮筋弹射。哥哥把在学校里做好的滑翔机拿回家里，在蔚秀园内空旷处为弟弟放飞。天空中翱翔的飞机模型吸引了年幼的弟弟，顾诵芬以极大的兴趣与哥哥一起开始制作，一起到园里放飞。可以说，就是从哥哥这里，顾诵芬萌生了对航空的热爱并受到启蒙。

父亲对大儿子的希望是从事文史方面的研习工作。顾诵芬曾经回忆："父亲显然是按照研学文史的方向培养哥哥的，但也不是强求，只是在寒暑假时，要哥哥必须念曾国藩家书——没有标点的，要他自己断句。"

顾诵芬读小学以后，兄弟之间的交流逐渐多了起来。哥哥复习功课准备考试，会要弟弟看着学校出的复习题，听自己背出答案，如有差错，弟弟会马上指出。哥哥相信刚上小学的弟弟能看得懂初中课本上的答案，弟弟则对哥哥出众的记忆力钦佩有加。对答之下，聪明的两兄弟轻松地完成了一次次枯燥的备考复习。

顾诵芬对哥哥充满了感情。他说："哥哥上学在城里，回来的时候总想着给我带点什么玩具。那个时候北平有意思的是赛马的玩具，那是一个木制长盒，上面有布，上弦的，那布能动，如果安装不好，几匹马不能一起走，有的走得快，有的走得慢。他大概是节约了饭钱给我买这个东西。我们兄弟之间感情很深。"

而在科学启蒙上，父亲最好的朋友陈鸿舜、聂崇岐也让顾诵芬得到了许多教益。陈鸿舜是抗战胜利前去美国的，在上海等去美国的船的时候住在顾诵芬家，回来时又在他们家住了——那时顾家已离开北平，到了上海。顾诵芬读中学以后，陈先生专门给他订了一套美国的图解机械杂志，从美国直接寄到上海。当时陈鸿舜问过顾诵芬要美国的什么东西，顾诵芬那时候还没有提航空模型的事，于是他就给顾诵芬订了这么一套杂志。

聂崇岐先生也给顾诵芬订了一套美国的航空杂志。聂先生回国的时候，北平就要解放了，他给顾诵芬带了一本美国的《航空概论》，国内很少见，从气象一直讲到飞行原理以及飞机怎么维护。以顾诵芬那个时候的英文水平，看书是没问题的。别人可能不会有这种机会，而他得益于顾家的传统，特别是父亲的作风，常常念书，有事就找书。

第二章

求学经历：名师高徒，凌云壮志

顾诵芬（前排左三）与交大航空工程系同学合影

2021年是新中国航空事业发展70周年，也是顾诵芬从交大航空工程系（时称“航空门”）毕业的第70年。这一年，他获得了上海交通大学“杰出校友终身成就奖”，也是继吴文俊、徐光宪、王振义、黄旭华相继荣获国家最高科学技术奖之后，第5位获此科技人殊荣的交大人。

近来，堪比钱学森学长“水力学试卷”的多份顾氏学霸笔记被一一找出：有70年前顾诵芬读大四时修读飞机设计相关课程的课堂笔记，有他做毕业设计时关于“飞机设计”课程的实验报告，有他年少时爱读的1933年创刊的科普杂志《科学画报》，还有志愿表、成绩册、选课单等。从中不难探索出这位飞机设计大师、飞机空气动力学家的成才之路。

20世纪40年代，在交大航空工程系，王宏基、季文美、曹鹤荪、杨彭基等名师荟萃。在交大4年，顾诵芬接受了良好的教育，受到了很好的熏陶。交大有严格的要求，从一年级的物理实验报告，到四年级的毕业设计，老师都把关得比较严格。

回忆在交大的岁月时，顾诵芬印象最为深刻的是，大一时物理实验报告一定要按规则写，而且要一丝不苟地用英文书写，有的学生偷懒凑两个数据，被老师发现后会被狠狠批评。后来，顾诵芬回忆说："我在控制有效数字方面接受了严格的训练，即搞工程量尺寸，只能量到多少写多少，不能胡乱加减。"除此之外，交大对英文的阅读训练、写作训练以及口语训练都比较重视，当时使用的教科书基本上都是英文的。正是在交大打好的基础，让他毕业后在工作中受益匪浅。

除了所受教育，交大的学风也令顾诵芬尤难忘怀。彼时，航空工程系主任是王宏基先生，他和季文美、曹鹤荪、许玉赞先生等都是交大毕业生，20世纪30年代被教育部选派留学意大利都灵大学专习航空工程，回国后在交大创办了航空工程系，他们学养精深，爱校爱生。学校另开设政治经济学、社会发展史等通识大课，并请知名人士来文治堂讲课。那时文治堂还没完全建好，会场内的凳子是用木料临时搭的。尽管环境简陋，但老师和学生的热情都很高涨。

岁月如泣，青春如歌；筚路蓝缕，以启山林。

造"书山"，失胞兄

取众擎易举之义，馆名"合众"

我随父母自1939年回到上海，当时年纪还很小。先是住在复兴公园附近的复兴路上，后来搬到现在的长乐路和富民路交界处图书馆的一幢楼房内。该楼中间四层，两边三层，二楼以上都是书库和阅览室，我们住在一楼的一边。现在这房子还在，是上海图书馆的一个书库。武警大礼堂在它的斜对面，武警大礼堂原来是上海很有名的高级舞厅。从 1941 年至 1951 年的 10 年间，我都住在那里。[1]

1939 年 3 月 15 日，叶景葵先生来信征询顾廷龙的意见：“上海方面如有图书馆组织（私人事业，性质在公益方面）需要编纂校勘人才，吾兄愿意图南否？”顾廷龙回信复道：“承询一节，编纂校勘之事，乃龙夙好。……倘有稍可安心校读之机会，求之不得。”

在后来的回函中，顾廷龙又表达了对叶景葵、张元济两位先生的仰慕和感谢，也做出了郑重的承诺：“生计可维，身心有寄，他月以馆为家，有所归宿矣。”他用自己的一生实践了这一句话。

1939 年 7 月 13 日，顾廷龙携全家离开北平乘船到了上海。此次南下的缘起，是顾廷龙接受了两位先生的邀请。他在自己亲撰的《合众图书馆十四年小史》中写道：

一九三九年的春天，日寇侵略之势愈炽，上海四郊已经沦陷，叶景葵先生生怕奴化教育的长期侵蚀，同时，素有藏书最丰富的东南一带遭了兵灾，藏家纷纷流散，当时的公立图书馆均已迁往内地，上海虽有私

1 《我的航空求学路》，原载于马德秀主编《思源 · 往事》，由上海交通大学出版社于 2012 年出版。

立图书馆数处，而各有其方针，对于我国固有文化兼顾不到，私人有力收购的也很少，目睹被日美两国多方搜罗以去，很觉痛心，因此叶先生即发愿创办私立图书馆，但自知非一人之力所能举办，特商请张元济、陈陶遗两先生一同发起，取众擎易举之义，命名“合众图书馆”。

对于父亲受邀到沪工作一事，母亲潘承圭一开始并不是很愿意。一方面，顾诵芬出生后，母亲身体很弱，经常卧病在床。到北平后的几年里，顾母的身体状况大有改善。这次又要回到南方居住，她有些担心自己的身体。另一方面，上海潘、顾两个大家族的亲戚很多，母亲不愿意卷入家中姊妹妯娌之间的一些是非中。但父亲下了决心，最终还是说服母亲接受了这一决定。

顾诵芬理解，父亲决定离开北平的一个重要原因是要摆脱日本人统治下的屈辱和压抑。加之顾颉刚一直积极从事抗日宣传，被日伪当局列入了黑名单，作为顾颉刚的族人，难免会受到牵连，对家人安全的考虑是父亲决心离开北平的另一个重要因素。

顾诵芬一家乘坐火车从北平到天津，傍晚时分到达天津塘沽，在那里登上轮船。钱穆先生的夫人张一贯和她的妹妹带着几个孩子同行。两家人乘坐的是英国太古公司的“盛京”号轮船，7 月 14 日夜间起航，经威海卫抵达烟台，在那里又停留了一夜。初次乘船出海，看到海面辽阔，一望无际，几个孩子都感到很兴奋。钱穆先生的几个孩子中，长子钱拙、次子钱行与顾诵芬年龄相仿，三子钱逊 6 岁，女儿钱易才 3 岁。孩子们由大哥哥顾诵诗带着一起玩。

离开烟台后，船行一天，7 月 16 日夜到了上海的吴淞口。虽然上海已被日军占领，但顾廷龙一行第二天清晨从太古码头登岸时，没有看见日本人横

合众图书馆

行的景象，后来才知道这里是公共租界码头。

顾诵芬一家人取齐了行李后，乘车到了当时地处法租界的拉斐德路（今复兴中路）614 号，那是叶景葵先生早在 5 月份就租下的一栋二层别墅。在当时上海的环境里，相对以“法租界”为安静适宜。拉斐德路 614 号位于今复兴中路思南路口，是叶景葵先生在 1939 年 5 月份托浙江兴业银行租下的私人住宅。房主是一位方姓国民党高级军官。顾廷龙一家的卧室在楼上，楼下是图书馆办公室，二楼原来的一个舞厅作为临时书库，面积有四五百平方米。创办并主持管理上海私立合众图书馆，成为顾廷龙先生一生最重要的事业之一。

合众图书馆中捐书最多、出资最多的是叶景葵先生。顾诵芬记得很清楚，叶景葵、蒋抑卮先生送来的书都装在非常精美的木质书箱里，所以不需要另置书柜、书架。1939 年 5 月 23 日，叶景葵在给顾廷龙的信中明确了馆名及其用意。曾有人建议图书馆应以叶景葵名字为名，叶景葵称图书馆当公诸社会，将赖众力以垂久远，不宜视为一家之物，所以还是称为“合众”。筹建期间，顾廷龙承担了几乎全部工作，1939 年到职的仅有他一人。

随着馆藏量与日俱增，加之还要给来馆从事研究的学者提供阅读、摘录、“传钞长篇或通录前人批校”的条件，拉斐德路 614 号很快便显得拥挤不堪。叶景葵、蒋抑卮诸位先生捐赠的书籍多为古籍旧典，基本是线装书，还有不少稿本、钞本，对保存环境和保管措施都有很高的要求，花园洋房作为馆舍显然已经不合适了。修建合众图书馆自己的馆舍成为顾廷龙就任以后一项至关重要的工作。

顾诵芬与父母在上海合众图书馆筹备处合影（1940 年夏）

叶景葵购得的土地就是几年前上海科技文献出版社所在地——长乐路 746 号。叶景葵的住宅则是一栋二层小楼，与图书馆之间有一片可供种菜蔬的地和一片草地。图书馆天井有一门朝向叶景葵住宅，他平常都是走此门进入图书馆的，每天上午都要来一趟。顾诵芬住的小房间在门左侧，他从窗口就能看到叶景葵来去的身影。

合众图书馆的长乐路馆舍是1941年由上海最有名的建筑师陈植的华盖建筑事务所设计的。新馆从1941年春天开始建设，8月竣工。顾廷龙在合众图书馆创办之初就树立了要与日本的东洋文库一较高下的目标，长乐路新馆建成后，有1 000多平方米，可容纳不少图书，他的抱负也得以施展。

“父亲为什么要与日本东洋文库一较高下？因为东洋文库出了目录，扬言世界上研究中国古籍非它莫属，而在中国却没有人敢与它较劲，所以合众一定要胜过它。”9岁的顾诵芬从到上海的第一天起就住进了图书馆，直至大学毕业。他从图书中汲取营养，也从往来于合众图书馆的前辈身上获得教益。在图书馆的经历，使他养成了热爱图书、博闻强识、善用资料等良好习惯，并且受用终身。

哥哥不幸早夭，弟弟性格有变

不幸的是，到上海后不久，顾廷龙一家遭受了长子顾诵诗病逝的严酷打击。《顾廷龙年谱》中记载：“（1939年）九月二十六日……先生长子诵诗因患伤寒，后转腹膜炎，抢救无效，病逝家中。”

在哥哥弥留之际，父母亲为不让顾诵芬见到兄长去世这一极度悲惨的情景，安排他住在了叔叔家。顾诵芬永远不能忘却在那些日子里一家人哀恸的情景。父亲“心如槁灰”，连续70天没有写日记。在《顾廷龙年谱》中，很长一段时间里，只记有张元济先生、叶景葵先生给他写的信，未见到父亲给他们的回信。直到1939年12月1日，他才又开始记日记：“不意九月下旬，诗儿夭折，心如槁灰，遂又中断，忽忽已七十日矣。”

作为老科学家学术成长采集工程顾诵芬院士采集小组的一员，中国航空工业集团公司科学技术委员会师元光等人从顾诵芬夫人江泽菲处了解到，哥哥的病逝给年幼的顾诵芬留下了永远不能忘记的伤痛，也使他活泼好动的性格发生了明显的转变。在哥哥顾诵诗不幸早夭之后，父母对他更加爱护备至。

顾廷龙的日记中记录着顾诵芬幼年时几乎每一次病痛。比如，1940 年 4 月 1 日，“诵芬感冒”。4 月 2 日，“诵芬感冒，热度未退尽”。4 月 3 日，“诵芬感冒退尽”。1940 年 6 月 11 日，“诵芬忽患寒热，由校中送归。医生云食阻，无他病”。直至 7 月 5 日，“诵芬渐愈”。20 多天里，父亲记下“诵芬热度又升，延叶幼达医生诊治”（1940 年 6 月 14 日）、“携诵芬就叶医生诊治”（1940 年 6 月 22 日）的详细过程。7 月 4 日，又有一次反复，“诵芬牙痛，就诊拔去一齿。痛甚，发热甚高”。这一夜，父亲“彻夜未睡”。

大众科学刊物与海战棋

小学毕业第 5 名

父亲为顾诵芬安排的小学是华龙小学，主要的原因是它离家很近，从家出来，进法国公园（今复兴公园）南门，出北门就到了，就买一张公园月票，不用过马路。中午，家里送饭到学校。

在上海的小学里，让顾诵芬感到最开心的是老师不要求撕书了。不仅如此，书中抗日的内容老师也都会在课堂上讲。1939年时，日本人还没进租界。所有的教科书，有抗日内容的都不受影响，照样念，台儿庄战役、八路军抗战那些事在语文教科书里都有相关内容。

顾诵芬进入上海的小学后，遇到的一个困难是在燕京附小的4年里不教英文，而上海的学校三年级就有英文课，要插班就要补上英文。叔叔顾廷凤从“ABCD”教起，让小侄子的英文水平在最短的时间里赶上了同班同学。

这是一所办在弄堂里的小学，没有操场，最多就在弄堂里做做操。那时候小学生都要开展童子军活动，顾诵芬最感兴趣的就是学习结绳，虽然没有航海船员打得那么专业和复杂，用的绳子比较细，但要在限定时间之内打完各种样式的结还是有点难度的。顾诵芬学得很认真。学校还开有劳作课，有木工，需要学生购买钢丝锯；用蜡浇注模型——将熔化了的石蜡浇入各种中空的石膏模，用手晃动使其均匀，冷却、脱模后就形成一个造型；还有一种纸模型制作，用的材料是已经印好图形的厚纸板，只需按图形剪开，将留白处用胶水粘贴好，就能做出一个立体的模型。所有这些，顾诵芬在燕京附小时都没有经历过。

顾诵芬没有辜负父母亲的期望。1940年1月18日，“芬儿本学期成绩揭晓，获冠全班，可喜。一班四十七人”。1941年6月25日，顾诵芬小学毕业了，“芬儿领得毕业证书，获第五名，可喜”。7月2日，“芬儿领到文凭，并得品学兼优奖状。可喜何如。”

感兴趣的就是科学类画报

1941 年，顾诵芬升入距离长乐路新馆较近的育材中学读初中。育材中学在抗战前就已经很有名气，原来在南市区（今属黄浦区），“八一三”事变以后迁至法租界内。据上海地方志记载，当时不少外地学校迁入上海，租界内私立中学骤增。大量学校迁入并有大批难民涌入租界，寻找校舍成为非常困难的事，育材中学只能在一栋别墅里继续开办。

别墅厅挺大，一层大概有两个大间，学校只有初中，6 个班全进去了。到顾诵芬去念的时候，因为知道该校的人越来越多，很多人都想进去，学校就多开了一个班。还好那户人家还有一个汽车间比较大，顾诵芬等人就在汽车间里学习。开学时，校长吴耕辛亲自鼓励他们班说：“你们在汽车间里念，但是我希望你们将来能成为造汽车的人。”校长非常平易近人，工作也很认真，还兼上英文课。

顾诵芬强调，学校名为“育材”，是材料的“材”。吴耕辛校长特别讲到过，学校的宗旨是要为社会造就一些可用的人才。当时顾诵芬一家还住在拉斐德路，育材中学则在合众图书馆的新馆附近，母亲还对顾诵芬很是放心不下，每天都要亲自接送。

《顾廷龙日记》中记着这样一件事：开学后不久的 9 月 2 日，正是合众图书馆新馆址启用、父亲最繁忙的日子，“诵芬放学，不及待母往接，径自走归。母往未遇，即赶回，儿尚未到家，慌甚。未几，姗姗来已”。11 岁的初中生显然已经有了较强的自主意识。

顾诵芬记得，那个学校里没有什么政治活动，只有一个小操场能踢踢小足球，印象很深的是出身数学世家的一位姓戴的数学老师教得不错。从少年时期起，顾诵芬就养成了从图书馆找书、读书的良好习惯。小学时父亲让顾诵芬读馆藏的《水浒传》《三国演义》和《西游记》等书籍，由于怕对眼睛造成伤害，给他看的都是木刻、线装的大字本。小学毕业时，他已经读完了这些名著。

到上海以后，顾诵芬看书的范围更加广泛，合众图书馆里的书他几乎可以随便翻看。清末、民初翻译出版的关于三角、几何的书籍深深地吸引着他，而令他惊讶的是有些线装书里居然能找到七位对数表。此外，他最感兴趣的就是科学类画报。

一次，父亲在旧书店看到半套商务印书馆出的《小学生文库》，很便宜，就买来放在顾诵芬屋子里的一个藤书架上，占了一层。《小学生文库》是 20 世纪 30 年代商务印书馆出版的一套文库性质的小学生读物，由王云五主编，汇集了近 200 位教育家、文学家等各领域专家，涵盖自然、社会、文化、生活等方方面面，内容丰富，做模型的、讲音乐的、讲历史故事的，什么都有，共 45 类， 500 册，当时产生了巨大的社会影响。课余的时候，顾诵芬经常翻看这些书籍，极大地开阔了眼界。

看书得到的科学知识引起了顾诵芬动手制作和试验的兴趣，他喜欢用橡皮泥做各种模型。1944 年 7 月 18 日，叶景葵先生七十大寿，顾诵芬送上的是用橡皮泥制作的、像模像样的一个寿星老儿，叶先生高兴地收下了这个有特色的生日礼物。

只对一种海战棋感兴趣

读中学时，由于房间与厨房很近，顾诵芬利用炉火学会了钎焊。顾诵芬还去研究了一下钎焊要用什么焊料，查了查书，发现最好是将电池外面的芯片泡在盐酸里，实际上就是用氯化锌作介质，然后再焊。他从焊漏的盆开始做，开始焊不上，因为焊药不对，后来学到了这一手，他就从亲戚家里要了一点盐酸，泡了旧电池的芯片，焊得很成功。“很方便嘛，那时候也没有电烙铁，就是在火上烧红了烫，逐渐可以做更多焊的东西。”

木工也行。顾诵芬房间里有空地，他买了钢丝锯就可以干起来。除了航模以外，他还做舰艇模型，也是从《小学生文库》或科学类画报上看来的办法。原理很简单，就是把木头雕成一艘潜艇的样子，底下挖掉一块以后放铅，这样它就成了中性浮体，稍微摁一下它就下水了；再靠后面那个舵面用橡皮筋做的螺旋桨，动起来以后水冲了后面的尾舵，自己就能下潜。水池怎么办？叶景葵家有一个花匠，他那儿有一口很大的缸，缸里储有水，顾诵芬就在那缸里玩这个潜艇模型。这些木工、钎焊，还有蜡模的活儿，他在家里都能干。

顾诵芬不仅动手制作，还会用心琢磨各类模型的动作原理。航模飞在空中时，他会细心观察，如何才能使小小的飞机模型飞得更平稳，留空时间和滑翔距离更长；潜艇模型下水时，他会仔细调整尾舵，使其下潜速度更快，在水下的运动更灵活。这些具有游戏和科普性质的活动，使顾诵芬从少年时期就培养起了对科学技术的兴趣，初步掌握了将书本知识与实际应用相结合的本领。

顾诵芬后来也讲到，自己是在上海接触到这些工程机械知识并培养了学工科的兴趣的。少年时期的顾诵芬身体状况不好，经常令父母担心，但生病也使顾诵芬有另外的收获——“那时候一生病你可以提各种条件”，也就是可以提出一些在平日父母亲难以满足、看来有点“非分”的要求。顾诵芬当时对象棋、跳棋都没有兴趣，只对一种海战棋感兴趣。一次生病时，顾诵芬就提出要买一副海战棋。

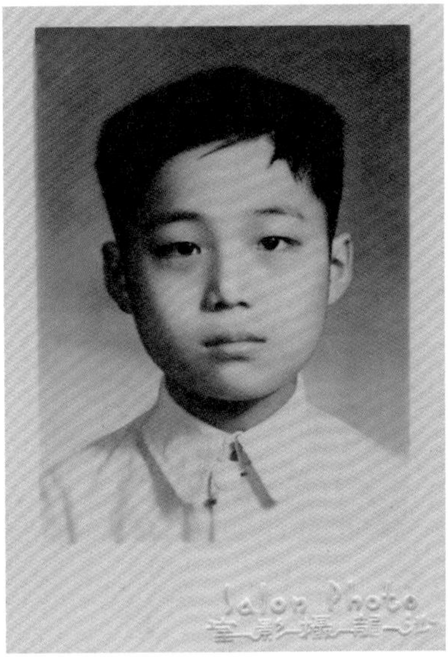

少年顾诵芬

据说，那棋是由白俄罗斯发明的，可能也参考了欧洲的一些棋，上海只有大百货公司有卖，很贵，当时大概 35 元一套。那种棋的棋盘画的是海洋，棋子是用锡铅金属制作的各种舰艇，有大的战斗舰、小的潜艇。按照游戏规则，潜艇可以下沉。在潜艇下沉时，玩家将潜艇棋子从棋盘上挪去，在纸条上记录潜艇在水下的位置，进到哪一步，在哪一步转弯，虽然是互相保密的，但不能随意记录，更不能作弊，连在水下转多少度都有严格规定。顾诵芬的这副棋上画着太平洋的地图，中间有几个岛，说明书上全是英文。初三的时候他能看懂了，就开始玩这副棋。当时他下棋的对手往往是自己的表兄弟，对方来家中拜访的时候可以一起玩一会儿。后来他的同学王传裘也非常喜欢。顾诵芬到北京工作以后就把那副棋也随身带着。

初中阶段的顾诵芬依然在全班保持着学习成绩领先。1942 年 1 月 16 日，顾诵芬进入初中的第一学期结束，“芬儿领成绩报告归，隽第二名，可喜也”。年仅 12 岁的顾诵芬很有独立思考能力，《顾廷龙日记》于 1942 年 11 月 24 日记载“芬儿温历史笔记，看出其师笔误破句。……此儿能读书得见，可喜也”。

育群停办，转学南模

1944 年，顾诵芬以优异的成绩从初中毕业。战乱中的上海，迁入租界或在租界新开办的学校都不是很正规，顾诵芬的高中一年级就读于一所仓促开办并在抗战胜利后即停办的学校——育群中学。

育群中学的校舍在今天的上海东湖宾馆东区，被上海人称为“杜公馆”。上海话中“杜”和“大”发音相同，所以它也被写作“大公馆”。“珍珠港事件”爆发后，杜月笙逃离上海。其手下为防止因此处空置而给日本人留下占用的口实，遂利用现有处所办一学校，即育群中学。

虽然是在仓促间开办的，但育群中学师资力量很强，除交大的教师外，还有来自南洋中学的老师。顾诵芬记得，教他们英文的老师孙竞存是胡适的同学，原先就是南洋中学的。

育群中学于 1943 年开办，只办了两年。顾诵芬于 1944 年入学，读完高一，抗战胜利了，这栋房子便不再用作学校。它先是被改作中美合作所；1950 年，被改作中共华东局东湖路招待所；1954 年改为中共上海市委招待所（走上飞机设计师岗位以后的顾诵芬曾陪苏联专家到上海，专家就下榻于该招待所）；1982 年，此处改为东湖宾馆，至今未变。

育群中学明确停办后，校方安排在校生转入震旦大学附中，但已经要进入高中二年级的学生开始有了自己的主见，要自谋出路。按照育材中学老师给出的建议，顾诵芬去了南模。

南模创建于 1901 年，其前身是南洋公学（今上海交通大学）附属小学，是中国人自己创办的最早的新式学堂之一。1927 年该校改名为“上海市私立南洋模范中小学”，1938 年迁入姚主教路（今徐汇区天平路）200 号，2009 年迁至徐汇区零陵路现址。

高一的学生，刚刚进入古人称为“舞象”的年纪，总有一些冒险的冲动和欲求，顾诵芬也不例外。他与一些聪慧而富有创造性思维能力的同学一起，开始尝试做一些令父母担惊受怕的事。

目击战鹰爱模型

闯龙华机场首见战机

“大家都没见过真飞机，下决心去看飞机，去的就是现在的上海龙华机场。”龙华机场那时候是一个很差的土机场，停了很多美国的战斗机，机场外面有一条很深的沟。怎么进去呢？想走正门，没有证件根本不可能。顾诵芬的中学同学王盛沧想了一个办法：从沟里爬上去。把围着的铁丝网挑开一些，他们六七个人就都进去了。

那是顾诵芬第一次看见飞机，一架架美国的战斗机 P-51。他们就在飞机边，而美国警卫根本不怎么上心，也就在边上随便溜达。有一个同学的英文口语很不错，便直接向美国警卫提问题，对方还很乐意给他们解释。

看完了该怎么回来呢？顾诵芬和同学就搭机场工作人员的卡车。那时候，在那里工作的人都坐卡车回来，人多，谁也不认识谁，他们爬上卡车就走了。走到半路，卡车停了，人散了，他们也只好下来走回家，很晚才到家，父母亲训了顾诵芬一通，况且他们去的时候，都没跟父母说。

在顾诵芬手中，初中时期的那些航模、舰艇模型已经从橡皮筋动力转化为带电动机和控制装置的升级版。那时候上海开明书店出版了一批苏联的青少年读物，其中就有专门介绍如何制作航模、船模的。因为父亲与开明书店的编辑们都很熟悉，所以他们经常送一些书来，顾诵芬读过后颇为感慨，对我国与美国、苏联在技术方面的差别有了自己的分析判断：

> 苏联的东西跟美国的不一样，美国科学画报上的东西都得用电锯或者上车床制作，我们根本不可能。苏联的东西基本上都是木头粘的，用橡皮筋这些东西制作。它介绍的那些模型，跟着它学了都能做，就用橡皮筋驱动。再进一步就是电动，简单的电动机也可以用自行车上面的摩电灯来做，它的静子是永磁铁，转子通电以后就能转，再用皮带驱动轮子，就这样我做了个车在桌上跑。

这些东西，顾诵芬慢慢地都能入门了，而且一有时间就干这个。顾诵芬后来学工科的底子基本上是在上海打下的。在北京没这个条件，在上海就有了：其一是有书，其二是确实要动手。顾诵芬的叔叔顾廷凤当时在上海，总能弄点材料给侄子。

顾诵芬做的第一个航模所需的材料，是父亲大伯父的小儿子给他买的。

这个叔叔在东吴大学学物理，毕业后到新加坡当过一段时间中学老师，1939年回国，抗战胜利后也在上海的中学里教书。他回上海时恰逢顾诵芬虚岁10岁，他便送了一个模型作为生日礼物。如此一来，顾诵芬知道了上海能买到这些，慢慢地就玩开了。父亲看顾诵芬这么喜欢这些，也就随他去了。大儿子顾诵诗去世以后，顾廷龙对顾诵芬比较放任，只要求他寒暑假每天上午必须写一篇大楷、一篇小楷，这是父亲希望儿子别离中国文化太远了。

船模也玩得溜

顾诵芬除玩航模外，还玩船模。顾诵芬买了一艘大的帆船模型，在复兴公园的水池里放。帆船的特点是有风就能走，把舵设成是转弯的就怎么也不会丢，跑出去以后还会回来。一般人家很少有条件玩这些。

合众图书馆一侧的古拔路（今富民路）下雨以后积水很多，刚上初中的顾诵芬会别出心裁，用乌贼鱼骨造船。鱼骨形状有点像船，很薄，可以用刀片切割。他一下子做了好多，在路边的水沟里放，看起来像是一个舰队出航。顾廷龙在1942年6月29日的日记中写道：“大雨竟日，古拔路发水成河，芬儿以乌贼骨制为小艇放玩，邻人皆叹赏。”

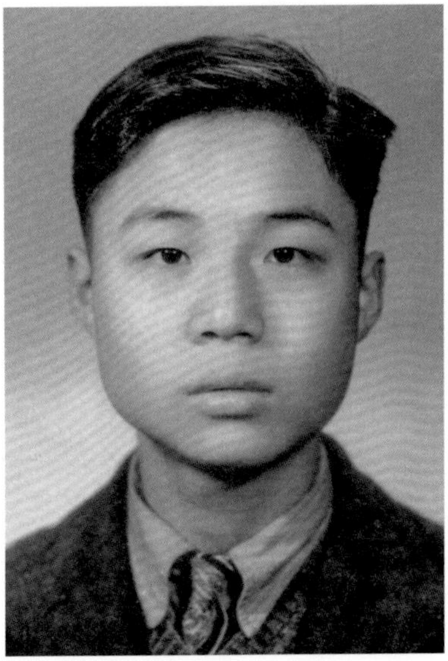

顾诵芬高中毕业照

在有着密切联系的中学同学中，有一位王传裘，在南模学习期间是顾诵芬的密友，也喜欢航空，后来两人一起考入交大航空工程系。1950 年，王传裘报名参军，被分配到哈尔滨一航校（今中国人民解放军空军哈尔滨飞行学院）当教员，与顾诵芬在交大时的校友朱宝鎏共事。后来王传裘被调到地处陕西的空军下属高等院校（今中国人民解放军空军工程大学），专门研究运筹学，很有成就，经顾诵芬推荐与航空工业的研究机构合作过。

王传裘每到北京出差总要来顾诵芬家，两人还会像中学时期一样相对而坐，认真地下一盘当年共同喜好的海战棋。

回忆起自己少年时的成长，顾诵芬总结了 3 条：“在上海，我的成长经历大概一个是靠书，看书开阔眼界；另外一个是靠同学激励，向他们学习，跟这些同学的交往使我有了更多的活动空间；第三个就是能动手，有一些工具，能知道怎么做。”

初“写”飞机设计师故事

这部人物传记影响他一生

这一时期，顾诵芬从上海开明书店赠给父亲顾廷龙的书中读到了一本对他一生都有着重要影响的人物传记《一个飞机设计师的故事》。这是苏联著名飞机设计师雅科夫列夫的自传，叙述了他少年时代对工程技术产生兴趣，后来制造滑翔机，又逐步过渡到设计和生产轻型战机，最后成长为苏联第一代飞机设计师的经历。

雅科夫列夫（Яковлев）于1906年3月19日生于莫斯科，1927—1931年在茹科夫斯基空军工程学院学习，1932年起历任莫斯科缅任斯基工厂工程师、轻型飞机设计局总设计师。1939年，雅科夫列夫设计局正式成立。1940年，雅科夫列夫就任苏联航空工业部副部长，于1976年当选为苏联科学院院士，共获8枚国家勋章，研制了75个型号的各种飞机。

这是一本薄薄的小书，但对中国当时和以后的许多大中学生都极具感召力，推动不少人立志以航空为毕生的事业。

顾诵芬一生有3次读这本书的记录。第一次是在中学时期。第二次是顾诵芬在交大读书时，讲“航空概论”课的资深教授姜长英向他的学生推荐这本书。第三次是在1962年，聂荣臻元帅领导下的国防科委以办公室名义下发了1948年出版的《一个飞机设计师的故事》一书。当时，苏联专家刚撤走，中国的国防科技系统正在学习贯彻中共中央“科学十四条”文件，这本小书在国防科委系统引起了轰动。

顾诵芬第一次读这本书时，是在对航空工程技术产生兴趣的时期；第二次是在为设计飞机积累知识基础的时期；而1962年再读，他已经像雅科夫列夫一样，成长为新中国新一代飞机设计师。

顾诵芬对这本书有很深的印象和很高的评价，20世纪80年代他担任601所总设计师时，指示研究所图书馆购进了一批，发给刚进所里从事总体、气动专业的新大学生。他希望有更多的有志青年成为像雅科夫列夫那样杰出的飞机设计师。

未承父业，只对科技图书感兴趣

顾诵芬喜欢航空，想当工程师，父亲偶尔会嘱咐说："当工程师也要懂些古文，要学好中文。"

父亲是希望他学文科，继承自己的事业，也曾尝试过要顾诵芬在国故上下功夫。父亲朋友的孩子登门求教《孟子》，顾诵芬也跟着听。记忆中，他唯一跟父亲系统学过的就是《孟子》。父亲还从小教他读《纲鉴易知录》。《纲鉴易知录》是清代学者吴乘权编辑的简明中国通史读本。"易知录"，顾名思义就是容易懂，但顾诵芬却学不出兴趣。

除《纲鉴易知录》一类的史书外，父亲还会另外借些清代翰林以工笔小楷抄录的诗词让他临摹。但顾诵芬自幼喜爱理工科，与经史子集之类的国学读本相比，他更爱看的是父亲搜集来的自然科学书籍。顾诵芬坦陈："（我）从初中到大学毕业都在长乐路度过，在这样浩瀚的古籍堆中，本应很好继承父业。……可是我的字怎么也写不好，那些史书也读不进去，所以父亲只能让我自流了。"毕竟，合众图书馆荟萃了当时寓居上海的许多知名学者，他们对顾诵芬的成长有很大的影响。在从小学、中学到大学的成长过程中，顾诵芬密切接触过的名家有叶景葵、张元济、顾颉刚、秉志、钱锺书、胡适、冯其庸等。

常来图书馆看书的知名学者很多，他们有的还写了回忆合众图书馆的文章。搞生物的秉志先生是前清的举人，去美国留过学，是新中国第一批科学院学部委员，他在研究鲤鱼变异方面很有成就。父亲还专门引顾诵芬去拜见他，秉志先生非常和气、平易近人。

还在顾诵芬读初中的时候，秉志先生就向顾廷龙建议，顾诵芬要在自然科学上入门，最好去上海的博物馆和有关工厂看看。之后每逢节假日，父亲总是带顾诵芬去华中墨水厂、亚洲文会、自然博物馆、仙鹤草素药厂，以及现在重庆南路的震旦大学博物馆等处参观，这些无疑拓宽了他的视野。

面见钱锺书、胡适等名家

1947 年以前，钱锺书蛰居上海，住在离合众图书馆很近的蒲石路（今长乐路），经常到图书馆来，为他开门的多为顾诵芬。

在吴学昭所著《听杨绛谈往事》一书中，曾经写道：“锺书有段时间在读《宋诗纪事》，常到附近的合众图书馆去查书，胡适因有几箱书信寄存在合众图书馆楼上，也常到那里去，因此遇见，馆长顾廷龙（起潜）为他们介绍。”钱锺书的夫人杨绛曾经在苏州振华女校读书，而顾诵芬的祖父是振华女校的书法教师。祖父有时候身体不好，就让顾诵芬的父亲顾廷龙去教课。所以算来杨绛应是顾诵芬祖父的学生，也许还上过由顾廷龙代授的书法课。

父亲顾廷龙对钱锺书的外文水平非常钦佩，顾诵芬上大学一年级时，父亲专门带了他向钱锺书请教怎样学好英文。钱锺书对顾诵芬讲，要多看《大西洋》等英文原版的杂志和各种剧本，要是达到能在国外听懂英文像听懂上海大世界唱滑稽戏的水平就算成了。他还送了一本英文的现代剧剧本给顾诵芬。顾诵芬后来不无遗憾地说：“可是我并没能做到。”

这一时期，顾诵芬还与大学者胡适有过一次交谈。一天午饭，胡适与顾廷龙全家同桌，胡适问及顾诵芬在大学学习什么专业，答为“航空工程”。这既非胡适意料之中，又在其行当专长之外，他颔首称许道：“这是实科，不像现在报上写文章的那些专家都是空头的。”

“中饭是我母亲领女佣做的。当时物价高涨，而且很多菜肴都买不到。”顾诵芬回忆，“胡适吃了非常满意，不断地道谢，最后还给我母亲写了一张扇面。”

1953 年 6 月 18 日，经历了 14 年风风雨雨的私立合众图书馆被正式捐献给上海市人民政府。《捐献书》由顾廷龙起草，张元济亲自核定。政府接收后，先后改名为“上海合众图书馆”“上海历史文献图书馆”。1958 年 10 月 16 日，经上海市委宣传部批准，上海图书馆、上海市科学技术图书馆、上海市报刊图书馆、上海市历史文献图书馆等四馆合并为上海图书馆，合众图书馆原址改为上海图书馆长乐路书库。

顾廷龙与顾诵芬

上海图书馆成立后，顾廷龙先任副馆长，后任馆长。顾诵芬则在沈阳工作，每年只有春节几天假能匆匆地看望一下父母。1959 年春节，父亲专门领他去参观了一下跑马厅楼上的上海图书馆，馆藏范围当然比合众图书馆大得多。因为春节假短，顾诵芬不能多带书，但他发现有些自己要看的书上海图书馆也有，就请父亲帮他借回来看。如 1959 年美国刚出版埃特金（Etkin）的《飞行力学》第一版，沈阳还没到，上海图书馆有了，顾诵芬就得以先睹为快。

在开始了自己的飞机设计事业以后，顾诵芬从父亲的图书事业中长期获得裨益，被同行赞为“活图书馆”。

择名校、认学长

浙大、清华、交大均考中

父亲顾廷龙从 1924 年至 1925 年求学交大前身南洋大学，在机械科读了一年。“五卅”运动后学生罢课，他就离开了南洋大学。而且他喜欢的还是文科，便先后转到国民大学、持志大学学文学，师从胡朴安老师。父亲在持志大学拿到文凭后，考了燕京大学的研究生，获得硕士学位。他念南洋大学的时候，也是学生运动比较热的时候。“五卅”运动中牺牲的陈虞钦烈士就住在他们楼上，年纪很小。

其实，顾诵芬与交大的渊源不止于作为校友的父亲，他在自己读高中时就进了交大徐汇老校园。上海交通大学原党委书记马德秀主编的《思源·往事》[1]中收录了顾诵芬的《我的航空求学路》一文，文中记述：

> 之前，我在南洋模范上中学的时候，对交大的学风、办学情况就了解得比较多。抗战刚胜利的时候，南模房子小，曾把我们高二学生（只有一个班）安排到交大老南院宿舍底下一间房去上课，这样我们高中还在交大念了一年。高三时，我们班级又搬回天平路。因为我父亲和叔叔都念的是交大，所以我考大学时最后还是决定念交大。

高中毕业后，他和几位同学开始商议报考哪所大学。最后顾诵芬分别报考了清华大学（清华）、浙江大学（浙大）和交大，选择的专业都是航空工程。

浙大条件比较差，多为土房子，但考试的题目特别难，数学 5 道题能答上来 2 题，考 40 分就不错了。顾诵芬认为自己的数学分数大概也很低，是绝对考不取的，谁想一发榜被录取了。

那次，考取浙大的学生中，前 10 名都是南模的。后来浙大就给了南模一个优惠条件：凡南模毕业的前 10 名免考进入浙大。

考完浙大就考清华，考场很远，大家凑了钱，打出租车跑到清华考点（在现在的复旦大学附近）。清华的题目比较容易，全能答完。所以，顾诵芬很有把握，清华肯定能考上。最后考的是交大。交大入学考难度中等，在浙大

---

1 《思源·往事》，作者马德秀，由上海交通大学出版社于 2012 年出版。

与清华之间，最终他也考上了。三校发榜以后，他母亲说别去清华，上交大就可以了，离家近一点。顾诵芬其他几位同学都到了清华，后来表现都很不错，好多参加了地下党。

“我没去清华大学读书，是因为父母就我一个孩子，母亲不让。”顾诵芬还补充说过一个情况，考交大时有一次口试。那年报考航空工程系的人不多，口试时由系领导亲自考查学生。“我是由曹鹤荪先生口试的，他问了些问题，其中问到拉丁美洲一些国家的情况。”

顾诵芬进交大读书时，时局比较乱。在 1947 年上半年的“反饥饿、反内战、反迫害”斗争中，交大是一面旗帜，很多同学都参加了爱国学生运动。到 6 月份平息下来，这些同学的功课就被耽误了一段时间，学校规定让他们 9 月以后补课。这样，顾诵芬这批新生虽然是 7 月份参加入学考试的，但 9 月还不能上课，一直拖到 12 月初才开学。

做了此生良师益友们的学弟

执信西斋，现在位于上海交大徐汇校区靠近番禺路校门的西部，楼前有一处喷泉，上有一座校友捐建的雕塑“饮水思源”，也与校训、校徽合为一体。这栋如今修缮一新的宿舍楼，是江泽民、钱学森、顾诵芬求学时期曾经住过的地方。交大本部院系的本科生、研究生上下课或吃饭路过的时候，总会向新生或朋友谈起几位学长住在哪个房间，这些从母校走出去的伟人也一直是交大人心中的明灯。

顾诵芬是走路去交大上学的，走小路只要 20 多分钟，最多 30 分钟。他

今日上海交大执信西斋楼前（徐瑞哲 摄）

一直没住校，直到毕业那年，同学们非要他当班长不可。班长的事情可多了，那时候也算“教改”，要求师生有沟通，老师要听学生的意见。老师白天没有时间，只有晚上能沟通，就这样顾诵芬住了两个星期的校。他住执信西斋，一屋住 3 个人，上下共 4 个铺，书桌也很小。后来，顾诵芬请另一位同学当了班长。

交大学风比较朴素。顾诵芬进交大时，从重庆复员回来的同学经济更困难些，冬天都穿救济总署发的黑棉袄，很少有同学西装革履的。当时有一部分学生搞学生运动，很关心同学们的事；还有一批同学比较爱钻研，很少出去玩，不像私立大学，动不动就开派对，这在交大很少。

交大是中国航空工程教育起步最早的大学之一。据《上海航空工业志》记载："九一八"事变之前，航空工程教育并不被人们所重视。"九一八"和"一·二八"事变后，国内人士逐步认识到国防和航空人才的重要性。1932 年，民间团体中国航空建设协会倡议创办航空工程学校，并建议在交大培养航空工程技术人才。1933 年，交大从校外请人开设了航空课程。1935 年 9 月，在航空委员会的支持下，交大在机械工程学院内增设航空门，由黄叔培任航空及汽车专业主任，并从机械系四年级学生中选取 12 人转入航空门四年级，成为航空工程专业的第一期学员。以后则从三年级的下半学期开始，每年转入航空门的人数以 12 人为限，但后来实际上也有超过或不足 12 人的情况。

在顾诵芬的飞机设计生涯中，与他有着密切关系，后来成为航空工业局生产处处长、副局长及航空工业部副部长的徐昌裕就是航空门第一期学生。他的良师益友中，黄志千、马明德等都是航空门时期的学长。

航空门当时设在新建的工程馆大楼内，只有专任教授 2 人，没有助教，设备也很少。除一般的机械工程试验设备外，航空专用设备只有 1 架装有 4 缸直列式发动机的双座小飞机和 1 台 9 缸星形旋风式发动机。

抗日战争期间，交大在重庆九龙坡设立分校，后分校改为总校，于 1942 年成立国立交通大学本部并增设航空工程系，校址从小龙坎迁到九龙坡。彼时，航空工程系有教授 4 人。航空工程专业课程从三年级开始，到四年级分成空气动力、飞机结构和发动机三门。1946 年 5 月，学校迁回上海。

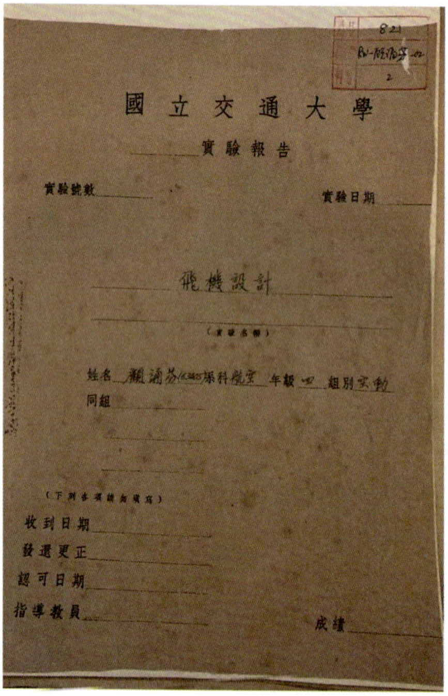
國立交通大學

實驗報告

實驗號數

實驗日期

飛機設計

（實驗名稱）

姓名 顧誦芬 系科 航空 年級 四 組別

同組

（下列各項請勿填寫）

收到日期

發還更正

認可日期

指導教員

成績

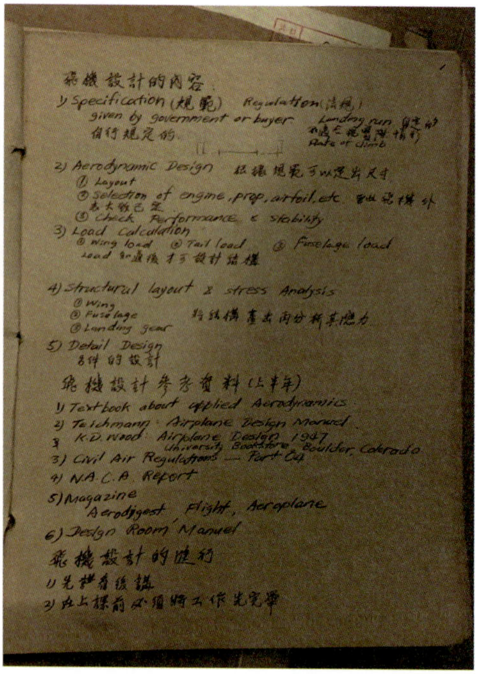
飛機設計的内容

1) Specification (規範) Regulation

given by government or buyer

2) Aerodynamic Design

① Layout

② Selection of engine, prop, airfoil, etc.

③ Check Performance & Stability

3) Load Calculation

① Wing load ② Tail load ③ Fuselage load

4) Structural layout & stress Analysis

① Wing

② Fuselage

③ Landing gear

5) Detail Design

飛機設計參考資料

1) Textbook about applied Aerodynamics

2) Teichmann Airplane Design Manual

K.D. Wood Airplane Design 1947

University Bookstore Boulder, Colorado

3) Civil Air Regulations — Part 04

4) N.A.C.A. Report

5) Magazine

Aerodigest, Flight, Aeroplane

6) Design Room Manuel

飛機設計的進行

顾诵芬在校期间的实验报告

航空工程系成立时，曾由航空委员会、滑翔委员会和中国航空建设协会等协助建立实验室，内有飞机、滑翔机、发动机和飞行仪表等设施。第二飞机制造厂曾捐赠烟风洞 1 座，供做风洞试验使用。交大迁回上海时，除一小部分仪表零件随迁外，其余设备因过于笨重，未能迁沪；后设法获捐一批器材，从而使发动机实验室、仪表实验室和航空气象实验室略具规模。

至 1949 年上海解放时，交大航空工程系共有教授 7 人、助教 3 人、工人 4 人和其他人员 1 人。从重庆到上海，共有 5 个班约 110 名毕业生；加上原航空门的学生，毕业生约 180 人。

从入学到毕业，同学减半

平心而论，当时交大招生标准最高、教学设施最好的是电机系，其录取分数也是最高的。顾诵芬考进交大时，航空工程系录取了正取生 20 名，实际报到 15 名，备取生 3 名，先修班生直升 10 名。

考进交大后，一年级的课（数学、物理）和别的班一起上。顾诵芬犹记得一年级时物理实验抓得非常紧：一方面，出勤不能迟到早退；另一方面，写实验报告一定要按规则，绝对不能随便写。

算起来，入学之初应有近 30 名新生，然而随着学业推进，学生人数急剧减少，其中一个重要原因是对毕业后就业的考虑。在中国面临着历史重大转折的 1948 年，航空显然不是一个有较多就业机会的行业，所以二年级时就有不少同学转系到了别的专业。

学完基础课、专业基础课，到四年级时又面临分专业。航空工程系有三个专业，分别为空气动力、飞机结构、发动机。只有顾诵芬、汪乔森和一位名叫张渺的女同学 3 人选择了没人愿选的空气动力专业。顾诵芬的大部分同学选的都是飞机结构，考虑的就是就业问题——飞机结构还好办一些，搞什么工程还都能对付，发动机专业已经有些难，空气动力学更没有人愿意念，因为念完了出来没人要。而顾诵芬觉得搞航空不学空气动力学就白搞了，所以不顾就业压力选了空气动力专业。1950 年，刚结束大规模解放战争的新中国投入了抗美援朝战争，大批学生响应国家号召，加入了中国人民志愿军，顾诵芬所在班级又有 10 名同学报名参军。到毕业时，整个班级仅剩下 10 人。

练计算尺、学喷气式

值 30 多美元的计算尺用得熟

顾诵芬觉得受益最大的，还是二年级。二年级最基本的两门课，一是应用力学（现在叫工程力学），一是材料力学，这两门课都是航空工程系教授季文美先生教的。后来通过工程实践，他体会到从这两门课中得到了很好的训练。

在顾诵芬的求学之路上，季文美教授的课让他印象深刻，而课上传授的特殊文具——计算尺的使用方法更是让他受用终身。“季先生讲课突出基本概念，先讲解问题的由来，再联系工程实际，讲将来可能会遇到些什么问题；然后让我们去运算。”

交大对工程运算要求严格，譬如说，二年级学生必须得有把计算尺。对当时的大学生来说，买把计算尺不容易，特别是进口的，美国的计算尺合 30 多美元一把。这家美国公司在上海有个门市部，家境比较好的同学就去那里买。家庭困难的学生则买九江英式大学某老师做的计算尺。那是竹子做的，上面贴有照相纸照的刻度，比较粗糙。

当时，交大中院和上院之间有一个用木板做的布告栏。到毕业时，毕业班同学就贴条子卖东西。顾诵芬去看了布告，用一小旅行包的钞票买了一把计算尺，这把计算尺至今还在他家里。那时候的钱贬值，对卖尺的同学来说,他家住在四川，那一包钱可能刚够他回家的路费。那一年的整个暑假，顾诵芬就在练习使用计算尺，用得比较熟，可以计算加减乘除、平方根、三角函数、指数、对数等，算题的速度是最快的。回忆起在大学的学习时光，顾诵芬颇感自豪的正是使用计算尺，以至于在以后的工作中，他的一个本事就是拉计算尺，速度在同事们当中是最快的。

计算尺

顾诵芬参加工作，尤其是到飞机设计室以后，需要用到计算尺的时候就更多了。比如算性能，大表一张张的，数据很多。他拉计算尺速度快，因为刻度之间的数据是要估计的，他也拉得准确。这样又快又准，使工作的效率提高很多。

有意思的是，后来在苏联专家审查东风 -107 图纸的时候，他们看顾诵芬用计算尺可以进行多种计算，而且算得挺快，都感到惊讶。那时，他们白天提出建议，第二天就要看到中国人修改后的方案，计算速度就愈发显得重要。顾诵芬熟练掌握了计算尺的应用，确实获益匪浅、事半功倍。

至于大学教材，季先生选的应用力学课本是美国书。他教了几年，基本不怎么备课，就能讲得非常清楚。季文美的应用力学课习题特别多。两本应用力学书不是交大通用的课本，就只在航空工程系用，是美国关于工程力学的书，西利（Seely）和恩赛因（Ensign）写的。季文美找了一个比顾诵芬他们高一级的学生，把习题都做了出来，出了本书，那本书比较畅销，后来台湾地区也翻印了。材料力学课的教材跟别人一样，是铁木辛柯（Тимошенко）编写的，那时候大部分学校都用这本书。

顾诵芬从学校毕业后，搞飞机设计，碰上一个难题：喷气式飞机万一出事，飞行员怎么自救？这得用弹式座椅，连人带椅一起弹出来。运用这项技术，需要根据最基本的力学原理进行初步估算，最怕的就是飞行员弹出时碰到飞机的机身。材料力学课也一样，因为后来搞工程，总得估算一下材料结构能不能承受得了。“我觉得这些基本的训练为当工程师打下了比较好的基

早期交大航空工程系教职员合影

础。”那些老师的讲法，就是先讲概念，然后推导公式，最后有结论，出一些题目、习题。

在交大历史上最年轻系主任门下

三、四年级上专业课。三年级教顾诵芬飞行力学课的是时任航空工程系主任曹鹤荪教授。他和季文美是同班同学，都是从国外留学回来的。曹先生的思路比较清楚，他把一些问题都提炼成了基本的数字模型。比如说算飞机的飞行性能，最简单的是要知道飞机飞行阻力特性曲线，近似抛物线；另外，发动机推力特性曲线又近似直线，所以他提问：抛物线和直线相交以后，你能分析出它多少特性？这是一般教科书上找不到的。他出这样的题目，使得学生能把飞行力学的基本概念理得比较清楚。

曹鹤荪于 1912 年 9 月 15 日出生于江苏省江阴县。尽管家境贫寒，他仍立志上大学，并于 1929 年以高分考入交大电机工程学院；毕业后，经寿俊良教授介绍，进入上海一家经营电缆和电厂设备的英商洋行当职员。不久教育部受航空委员会委托，公开招考留欧公费生，曹鹤荪报考并被录取。1934 年秋，他先在意大利的语言学校学习意大利语，仅用 4 个月就考试合格，提前进入都灵大学航空工程研究生院学习。1936 年，曹鹤荪被授予工学博士学位；回国后被分配至成都空军机械学校任基本学术组组长。

1942 年太平洋战争爆发后，年仅 30 岁的曹鹤荪被任命为交大航空工程系代理主任，成为交大历史上最年轻的系主任。当时，在这位不怕困难的系主任周围，集聚了既有真才实学又有倔强精神的季文美、许玉赞、岳劼毅、马明德等年轻教授，还有后来与顾诵芬多次合作的陈士橹等助教。

在担任航空工程系主任期间，曹鹤荪通常亲自讲授两门主课：一门是理论空气动力学，另一门视情况而定，如应用力学、流体力学、振动力学、工程数学或机构学。他治学严谨，讲课清晰流畅，引人入胜。

航空工程系学生不多，空气动力专业的更少。曹鹤荪教授上课的时候，最多也就是六七个人听课。除顾诵芬、汪乔森和张渺外，还有年轻的助教陈士橹以及两位造船系的助教。

令顾诵芬印象很深的是，曹先生教给大家的不是空洞的理论，而是能解决实际问题的钥匙和基础。当年交大没有设备，风洞什么的也没有，全凭老师讲。飞机结构专业只有一架冈村宁次投降的时候飞往芷江的专机，是双发的运输机，那是交大唯一的宝贝，还有一架是日本的高级教练机。另外，有一个试车台，能试上百马力的活塞式发动机；还有个仪表实验室，各种老式仪表全有，都是气压式的表。

在航空学科，打基础的二年级那些课，如工程力学、材料力学都是交大航空工程系的老师自己教的。“季文美讲得非常好。空气动力学是曹鹤荪讲的，也非常好。”交大的空气动力学课程跟别的学校不一样，是曹鹤荪去了趟美国，跟一个德国人冯·米泽斯（von Mises）学的。米泽斯写了一本关于空气动力学的笔记，讲的是基础的压缩性空气动力学，只有笔记，没有出版。曹鹤荪就根据这份笔记来给学生们讲课。发动机的课，由王宏基教，他在意大利都灵大学获得了博士学位。季文美、王宏基和曹鹤荪都留学于意大利，那时候蒋介石办航空主要靠意大利，所以他们那一批人都是那时候出去的。

值得一提的是，现今上海交大徐汇校区最大的礼堂——文治堂，是季先生发动校友捐款，一手建起来的。上海刚解放时，学校开设政治经济学、社会发展史等大课，请一些知名人士来文治堂讲课，如时任上海市人民委员会秘书长兼市委宣传部副部长徐平羽、经济学家孙冶方。“那时文治堂还没完全建好，会场内的凳子是用木料临时搭的。”

其实，这几位先生原先都是交大的。那时，中华民国国民政府和意大利一起搞飞机工厂，建设航空业。交大电机系、机械系的一批学生都考上了留学生，包括王宏基、季文美、曹鹤荪、许玉赞等。他们从意大利回国后就在交大办了个航空工程系。航空工程系的系主任本是王宏基先生，他家在上海，后来他到西北工业大学任教了。曹鹤荪先生还当过交大的教务长，季文美先生则当过总务长。

交大航空工程系还有讲飞机设计的杨彭基教授。中华人民共和国成立后，院系调整，杨彭基被分配去搞工艺，他搞计算机辅助设计非常不错，飞机设计也讲得非常好，顾诵芬他们的飞行力学、飞机设计、航空材料课都是他讲的。还有姜长英教授，教航空维修、航空概论等课程。他资历很老，比季先生还要年长 10 岁左右。

除了大课，今天的大学生，很难想象交大航空工程系当年上课的情形：站在讲台上的是一位教授，下面听课的有三位助教，三位学生，有什么疑点随时可以发问，这样的教学效果自然不是现在的大课可以相比的。“总的来说，在交大对航空、航空科技初步打了个底子，特别是杨彭基教授教的那些东西都很实用。”

“二六”轰炸听见喷气式飞机

1950年，上海“二六”轰炸后不久，新中国的空军和苏联的空军一起守卫上海，喷气式飞机来了。顾诵芬印象最深的是，4月8日交大校庆日，一天拉了4次警报，国民党的飞机还没进上海市区，他就听到了喷气式飞机的声音。

在大学四年级时，顾诵芬他们学的还是螺旋桨那一套内容，但老师很注重讲解新的知识，尽量诱导、启发学生。那时的螺旋桨飞机飞行速度很慢，而顾诵芬也清楚将来使用的肯定是速度更快的飞机。

怎样制造喷气式飞机？他们只在杂志上看过一些介绍，不知道更多的知识。当时交大请了几位教师，一位是从英国回来的史纪进先生，他讲喷气式发动机；还有一位是杨方基老先生，要学生们赶紧买他指定的书《喷气式飞机空气动力学》。那本书是交大要求出版部门影印的，直到现在还是经典之作。当时交大还规定，只有四年级以上的学生才能进学校图书馆参考室看国外最新的杂志。

可以说，在交大的4年，顾诵芬接受了良好的教育，得到了很好的熏陶。毕业以后，他工作还是比较顺利，各种工作都能胜任。工作千变万化，只要知道该怎么做，就能做出来。顾诵芬设计飞机前，在学校里其实没真正学过。最突出的问题是，对于喷气式飞机的进气道设计，当时没有现成的数据。1956年，他开始搞飞机设计，当时北京航空学院（今北京航空航天大学）张桂联教授有些国外关于这方面的研究资料。顾诵芬看了以后，提炼了一些方法，基本上还是运用学校教的那一套解决工程问题的方法。所以他感到，学校的训练对自己以后的工作用处很大。

校园航模达人

成了交大航模研制会骨干

早在北平的那一段时间里，哥哥顾诵诗在城里的崇德学校念书，接触了一些航模知识，回来就带弟弟顾诵芬学着用纸做可以飞起来的小飞机。

顾诵芬从小喜爱航模，他从美国通俗科学杂志《科技新时代》（*Popular Science*）中知道了世界上最先进的航空模型制造技术，也从1945年上海开明书店出的一批苏联书中学习了具有可操作性的航模制作方法。住在上海合众图书馆时期，院内有一处开阔的场地，为他提供了条件：“（我）不仅看了书做飞机模型，而且还可以到院子里去飞，这样更促使我对搞飞机有兴趣。”

来自美国的《科技新时代》

几十年过去了，回想起当年对航模的爱好，顾诵芬还是饶有兴味。到上海以后，叔叔婶婶给他买了一架杆身（机身为一根木杆）航模作为10岁生日礼物。那是以橡皮筋的弹力作为动力的，非常容易坏，飞两次就撞坏了。父亲见他很喜欢航模，于是带他去一家外国人开的航模店，买了一架小的舱身飞机模型。那架模型很坚固，从商店的柜台上放飞，可以在商店里转一圈飞回来。买回来以后，顾诵芬就常在屋里飞。但航模也会撞坏，坏了以后就要修理。

可怎么修呢？顾诵芬用的胶水是自己配制的，他把电影胶片用丙酮溶解了，当作黏结剂。丙酮是当时女性用来洗指甲油的，很容易获得，难的是黏结用的材料。顾诵芬用的是父亲描摹《尚书》文字时用的棉纸。没有木质材料，有时就用火柴杆。看到自己的航模重新飞起来，他的心情是很舒畅的。

而在交大，顾诵芬的航模制作、操纵水平有了很大提高。上海交大校史网上有这样的记述：1944 年经季文美倡议，在航空工程系成立了交大航空模型研制会（ASC），刚来交大的杨彭基教授也常到航模研制会现场指导。学生郑显基担任首任会长，之后会长相继由张汝煐、朱宝鎏等学生担任，马龙章、吴耀祖、周懿荣、王学让、陈国钧、乔无期、顾诵芬等学生是 ASC 的积极分子，他们在课外活动中得到了多方面的锻炼。

1948 年毕业于交大航空工程系、当年的 ASC 第二任会长张汝煐回忆：

> 在抗战时期，航空工程系教学没有风洞，没有供学生实习的飞机，所以学长们从制作和试飞航模活动的实践中，加深了对课堂上讲的，诸如飞行原理、飞机构造等理论的理解，理论结合实践，也锻炼了动手能力。他们拟定的“宗旨”就张贴在工作室墙上，上面赫然写着：“我们愿尽我们微薄的力量，推行航空教育，培养航空兴趣，阐扬航空知识，以期发展航空工业，使祖国早日踏上富强之路！”抗战胜利，交大迁回上海原校址后，学生航模活动得到了很大的发展。

当时上海有航模器材商店，也有几个航模组织，他们曾在南京路繁华的商业区借用房间组织航模展览，观众十分踊跃，还在虹口公园组织过比赛。抗战胜利后，有了官方组织的引导，航模活动更为活跃，曾在当时只是大片草地的虹桥机场举办过全市的航模比赛，在今人民广场的前身跑马厅举行过航模表演赛，等等。

在张汝煐的回忆中，顾诵芬在“迎新”时就加入了ASC，由此入门上手：

1947年，顾诵芬进入交大时，我们交大航空模型研制会已经经常在操场进行航模飞行练习活动。有一次，我们贴出通知：在ASC工作室里举办航模活动的介绍会，欢迎新同学参加。顾诵芬去听了，那次由我主讲。

1948年至1951年，ASC由朱宝鎏接任会长，陈国钧管理工作室。陈国钧在1949年上海解放期间，保护了高班同学制作的航模，其中有一架线操纵“练习机”，是张汝煐制作的第一架线操纵飞机模型，利用原机身和动力装置，加上尾部、升降舵、操纵系统，与新配的机翼组合而成。“这架线操纵飞机不怕摔，留在ASC供几届同学做入门练习，陈国钧叫它‘Trainer’。我记得顾诵芬就用它学习线操纵入门……”

值得张汝煐骄傲的是，半个多世纪以来，像顾诵芬这样曾经的航模新会员已圆了航空梦，并成为业界翘楚：

50多年过去了，（我）惊喜地发现这么多同学或多或少地得益于“早期航空航天教育”，会员中半数以上毕业后投身于航空事业，其中有中国科学院院士2人，中国工程院院士1人，美国工程院院士2人。不在航空部门工作的会员也同样受益于航空高科技的熏陶，航空与其他专业正教授及以上占65%，故此感到这段历史为发展我国航空事业和教育事业的人们启示了一条多么重要的培养跨世纪人才之路！

这段回忆的主人张汝煐是顾诵芬很敬佩的一位学长。2008年，顾诵芬在写给南京航空航天大学乔新教授的信中表达了对张汝煐的敬意。

大学里，顾诵芬还做过一个大的飞机模型。当时美国刚出了一种装一台螺旋桨发动机、一台喷气式发动机的飞机，顾诵芬花了一个暑假的时间做了这种飞机模型，还是很精致的，就放在家里的衣柜顶上。后来低年级的同学要参加上海市举办的展览会，找到顾诵芬，要借这个模型去参展。顾诵芬同意了，结果模型一去无回。同学说，模型被搞坏了，还说要赔偿一点钱，顾诵芬说算了。从交大毕业时，顾诵芬收藏了几块轻木，还有两台航模发动机。这套材料，一直保存到现在。

大学毕业后，顾诵芬将对航模运动的爱好带到了航空工业局和后来成立的飞机设计室。他记得，航空工业局和设计室设计人员中有很多是在学校搞过航模的，如设计室气动组的汪子兴是华东航空学院的航模健将，叶正明在莫斯科航空学院时期也是一位航模爱好者。

后来成为顾诵芬飞机设计事业引路人的中国飞机设计一代宗师徐舜寿，曾总结自己选拔、培养人才的标准，他说："我当时的三个主要指标是：成绩、爱好、进取心。……所谓爱好，喜不喜欢搞设计，有无抱负……所谓进取心，肯不肯钻研，善不善于查文献找资料。……"徐舜寿认为，飞机设计人员开展航模运动，不只是娱乐性的个人爱好，更是带有试验研究性质的活动，所以在物质上尽可能给予支持和帮助。在徐舜寿的支持下，飞机设计室成立了一个航模组。

1957 年，担任飞机设计室主任的徐舜寿得知发动机设计室主任吴大观将赴英国考察，特意托他为航模组买回一套当时国内还没有的遥控模型材料。

对此，顾诵芬还有一些小小的惆怅。他到设计室以后，住进了 112 厂设计科技术骨干的宿舍。房间不大，已经安排了 4 个人，他的床位被布置在靠窗口暖气的地方。宿舍中间有一张大桌子，他们航模组的人就在这张桌子上把这套遥控模型飞机组装了起来。但后来工作忙了，遥控飞行就没有进行。南京一个高炮学校的同志知道他们有这套设备，就来借，借走了，一直也没有再还回来。

握牢工具，厚植基础，厚积薄发

对于大学里学英文，顾诵芬这样认为：“学校若能在这方面给学生打好基础，学生毕业后在工作中肯定会受益匪浅。”

当年交大有严格的要求，从一年级的物理实验报告，到四年级的毕业设计，老师都把关得比较严格。各种实验报告都得一丝不苟地用英文书写。在交大，英文的阅读训练、写作训练以及口语训练都比较强。一年级有英文课，高年级就没有了，但当时使用的教科书基本上都是英文的。

外文，包括后来顾诵芬自学的俄文，与之前熟能生巧的计算尺相仿，都成为顾诵芬深入科技世界的探针工具。当然，随着电子计算机技术的迅速发展，如今计算尺早已属于文物，但在 20 世纪中叶，计算尺是每个工科大学生和工程技术人员必备的计算工具。

顾诵芬对计算工具的重视，出于他对工程数据重要性的认识。事实上，在承担起歼-8、歼-8 Ⅱ飞机总设计师的职责后，他秉承严谨细致的学风，审查图纸时都会仔细核对数据，重要数据要亲自复算核实。

在几十年的工作经历中，顾诵芬与时俱进，他手中的计算工具也在不断更新——到了20世纪70年代，刚开始有计算器，很难得，六院给顾诵芬他们所里分配了五六台小的计算器，功能很齐全，有些数据可以不用手记，直接按键存储、连续计算。顾诵芬出于担任总师的需要，放了一台在自己手中。因为总师责任重大，很多计算报告要审查，数据要核查算得对不对。后来到大批量发放图纸的时候，顾诵芬和同事管德商量，派人到深圳买了一百多台计算器，配发给设计员。

顾诵芬大学毕业照

顾诵芬离开601所前，科技处处长丁吉元陪他去买了一台可编程的计算器。这个工具对总师是非常方便的。作为一个飞机总设计师必须精准掌握主要数据，重要数据必须重新计算一遍。

比获得知识与技能更重要的，在于掌握学习方法，提升学习能力，这样才能举一反三，以不变应万变。

顾诵芬后来发现，苏联那套教育制度，其好处就是非常具体，非常结合当时的实际。那时他们搞设计用的都是苏联图纸，顾诵芬刚去的时候还看不明白，因为那些标准在学校里没学过，学的都是英美标准。后来苏联专家给了他们一套苏联的制图规范，他们很快就看明白了。航空学校毕业的那些学生都能比较快地接受这套规范，因为学校里教的就是这些知识，画图也是按这些规范进行的，但要再变化就有困难。后来转变为完全自主搞飞机设计，他们就不像交大培养的学生那样容易适应新的变化。因此，顾诵芬觉得，专业不能太死，还是要把基础打扎实，学校应该教会学生研究和处理问题的方法。只有在基础知识打牢靠的基础上，才能很好地运用这些方法去解决问题。

牢握工具，厚植基础，厚积薄发。可以说，交大航空工程系的教育为顾诵芬打下了坚实的航空科技理论基础，也为他从事飞机设计培养了设计师必需的过硬基本功。

“西迁精神”的“前传”

母校以他和同窗为荣

新中国成立的 1949 年下半年，国家建设急需交大的学生，特别要航空工程系的学生，学生中有一大部分没有毕业就报名参军参干了。抗美援朝期间，国家紧急组建空军，航空工程系有一半的学生去参军了。而对顾诵芬这样的四年级学生来说，差半年就要毕业了。同学们保卫祖国的热情非常高，他们并不在乎有没有学位。当然，学校都承认他们是大学毕业生。

顾诵芬身边有许多同学被分配到航空系统，之后因政审特别严格，有的又被调出航空系统。比如现在的一位院士蔡睿贤，毕业于交大，原先学航空，后被调出来，最后在交大学燃气轮机、热工学，学得非常好，毕业后被分配到中国科学院的动力工程研究所。他于1991年当选为中国科学院院士。当年，他和同窗以母校为荣；如今，母校也以他和同窗为荣。

还有一位与顾诵芬比较要好的同学王传裘，学习很好。1950年参军后，他在哈尔滨一航校教书，教书中还有创造，于1953年、1954年立过功。因为他英文很不错，当时空军中英文好的人不多，他就在学校教英文，培训学员。后来要组建地空导弹部队，密级非常高，把他选去了，于是两人就不再联系。1977年他来北京学习，顾诵芬也因一出国任务在北京集训，两人才碰见了，交流了一下情况。王传裘对军事运筹学颇有研究。20世纪80年代初，顾诵芬搞“飞机作战效能分析”课题时，还请他来合作研究。当时，王传裘还是陕西的空军导弹学院的博士生导师。

顾诵芬最亲密的同窗好友兼同事，当属屠基达院士。屠基达是在1995年当选为中国工程院院士的。他原先比顾诵芬高一级，后来因生病休学一年，所以二人一起毕业。毕业后，他在哈尔滨飞机工厂做修理工作，工作非常认真细致，被评为劳动模范，担任设计科长。1956年，屠基达被调到沈阳，和顾诵芬在同一个飞机设计室工作。1959年，他又被调往成都工作。

屠基达主要从事歼-7飞机设计。他抓住每个机会，学习国外先进的飞机设计技术，搞歼-7飞机很成功。从1987年起，集歼-7所有改进成果之大成的歼-7M，又开创了向其他国家改型出口的途径，成为我国当时唯一在国际军机市场上具有竞争力的飞机，成就非常大。

许多学长都是顾诵芬敬重之人，比如1946年毕业于交大、1950年以优异成绩获得美国加州理工学院博士学位的庄逢甘，回国后在交大数学系任教，就是他老师那一辈的交大校友。

一次顾诵芬想了解国外的情况，晚上与庄逢甘谈了一次。1951年顾诵芬毕业时，庄逢甘也离开交大，到北京的中国科学院数学研究所去了，之后在哈尔滨军事工程学院（今哈尔滨工程大学）教书。1956年建国防部第五研究院的时候，他到北京来，顾诵芬还向他请教过有关高速空气动力学的问题。庄逢甘在美国就受到钱学森的教诲，回国后又在钱学森的领导下搞空气动力学，工作非常出色，在航天科技方面做出了重大贡献。我国"神舟"飞船应用的好多技术，都是他帮助解决的。

与顾诵芬有缘同走航天之路的学弟，还有位1962年毕业的校友王礼恒，他原是航空航天部副部长，后来任航天科技集团公司总经理、科学技术委员会主任。"（他）管'神舟'飞船，很能干，也是上海人。"顾诵芬这样说。

埋下"西迁精神"之基因

顾诵芬回忆道：

我们6月底就毕业了，7月份集训，所有上海市大学应届毕业生全集中在交大，学习要怎么服从分配。谁来管呢？华东军政大学派一批教员来，每个班二三十个人，有一个教员来管，都住在交大的集体宿舍里。

1951 年，毕业生顾诵芬要离别父亲、母亲、师长和生活了 12 年的合众图书馆，服从组织分配到北京报到。与父母同在车站为顾诵芬送行的，还有恩师曹鹤荪。

曹鹤荪说过："我一生没有别的追求，只希望在有生之年能看到我在成都、重庆、上海、哈尔滨和长沙等地方，在航空航天事业上播下的种子，在国内外生根、发芽、开花、结果，青出于蓝而胜于蓝，一代胜似一代，这就是我最大的安慰、最大的幸福、最大的收获。"1942—1952 年，曹鹤荪任系主任的交大航空工程系共有 9 批、约 180 名毕业生，其中不少人成果斐然，顾诵芬堪称极为突出的一位。

曹鹤荪回忆，当时上海各大学有 20 多位同学被分配到中央重工业部，大家一起坐火车到北京来。当年全上海的应届大学毕业生有 1 600 多人。不可否认，上海的学生很不愿意离开上海。

在准备分配的两个月学习期，有一个学习榜样林宗棠，他在东北工业部工作的时候帮一个劳动模范车塔轮，车出很高的水平；还有一个钱正英，是服从革命需要的典型。她是上海大同大学毕业的，之后在新四军参加革命，然后回来搞水利。大家除了学习毛主席的《纪念白求恩》《为人民服务》以外，就是学习他们的事迹。

本来曹鹤荪先生要留顾诵芬当他的助教，年初就问过顾诵芬的意见，顾诵芬说愿意留下，想考研究生。顾诵芬母亲考虑再三，说还是在上海吧，所以她一直以为儿子会留在上海。到毕业正式分配那天，方案下来，所有交大航空工程系的学生都要去北京，这对顾诵芬的母亲是很大的一个打击，她完全没有思想准备。从那以后，她总想着想着就掉眼泪，最后得了慢性病，很难治愈。后来顾廷龙就安排她到图书馆里帮忙做抄写工作，让她少想儿子。

2021年深秋的北京，人民大会堂，在全场热烈的掌声中，顾诵芬院士面带笑容，从习近平总书记手中接过了2020年度国家最高科学技术奖证书。习近平总书记曾多次高度赞扬“西迁精神”，2020年4月，他在陕西考察时就指出，“西迁精神”的核心是爱国主义，精髓是听党指挥跟党走，与党和国家、与民族和人民同呼吸、共命运，具有深刻现实意义和历史意义。要坚持党对高校工作的全面领导，坚持立德树人，建设高素质教师队伍，努力培养更多一流人才。

事实上，“西迁精神”正是交大的精神谱系之一。出于开发西部和国防安全布局的需要，交大于1956年开始内迁西安。与顾诵芬等学长“到祖国最需要的地方去”一样，当时几千名交大师生怀揣着兴学图强的梦想，放弃了相对优越的生活条件。在一路向西的火车上，他们满怀热情，用支援大西北的实际行动，高唱一曲“建设祖国富饶的内地”之歌。如今，从黄浦江畔，到渭水河边，同根交大花开两处，成就一对“双一流”。

一个时代有一个时代的“迁徙”，有的向西，有的向北，去往国家所需的任何方向。“西迁精神”及其“前传”，已凝练为“爱国”“奋斗”“奉献”，融入交大师生的血脉。就在被授予国家最高科技荣誉的70年前，1951年8月，从交大航空工程系毕业的顾诵芬，也就是这样放下家人的不舍，怀揣着航空梦想，登上了一路向北的火车。

此后岁月，他为了祖国的强大，殚精竭虑为苍穹，丹心热血向蓝天。

第三章

科研丰碑：从零到一，蓝天创业

顾诵芬与他的“代表作”——歼-8 II在一起

人生就像小说，不在长，而在好。顾诵芬的成名作是歼教 -1 喷气式教练机，代表作是歼-8 战斗机。

为了研究空气动力，顾诵芬和同事们曾用医务所的废针管，把很细的不锈钢针头焊在铜管上，接出来做成一排，外面再用薄铁皮做个整流罩。当时还没有好的风洞，他们就到哈尔滨军事工程学院1.5米口径的小风洞里做试验，花一个月的时间试验成功。一穷二白、从零到一，研制历时不到两年，歼教 -1 首飞成功。考虑到当时的国际环境，首飞成功的消息没有公开。周恩来总理知道后托人带话："告诉这架飞机的设计人员，要他们做无名英雄。"

短短几年后，当我国自主研发的第一架双发、高空、高速歼击机歼-8 上马时，总设计师黄志千在执行出国任务时因飞机失事遇难。作为副总设计师的顾诵芬与其他几名骨干临危受命，扛住巨大压力，攻下无数难关，5 年之内使歼-8 战斗机实现首飞。之后，顾诵芬 3 次乘坐歼教-6 紧随歼-8 飞行，直接跟在试验飞机后面观察气流情况，最终成功解决了歼-8 跨声速飞行的关键问题。

至1985年7月，歼-8的全天候型设计定型，于同年10月获国家科学技术进步奖特等奖。众所周知，顾诵芬的终身成就之作不止于此，此后不到4年时间，焕然一新的歼-8 Ⅱ又横空出世……

抗美援朝中，别了江南

从京出关，一路向北

学成之后，又是北上。1951年8月，顾诵芬以优异的成绩从交大航空工程系毕业。上级决定，当年的航空专业毕业生全部分配到中央新组建的航空工业局，即日赴北京报到。

对顾诵芬的父母来说，这个消息来得太过突兀，他们几乎没有任何思想准备，此前的希望是将唯一的儿子留在身边工作，而且交大航空工程系明确要顾诵芬留校任教。

《顾廷龙日记》在1951年8月时记录着顾诵芬离别父母的这些日子：

> 十八日，芬儿归，言已分发中央何处，工作未定，廿一即行。
>
> 廿一日，芬儿到校，悉行期改至廿三日。祖昌来，为芬儿刻章。芬

儿送行李到校，会陪往。

廿三日，芬儿得友电话，言改明晚动身。

廿四日八时，芬儿赴校听报告，四时即集中出发。盛沧来。晚餐后，偕会同至北站送行。……舐犊之情，何能自已。

兹此一别，顾诵芬进入了甘当无名英雄的航迹。

事实上，航空工业局是新中国创建航空工业以后的第一个政府管理机构，隶属于中央重工业部，局机关在沈阳。顾诵芬的愿望是到飞机设计或航空技术研究的部门。负责分配的同志满口答应，于是他被分到了局机关。

在当年从交大航空工程系毕业的 10 个人中，被分配到航空部门工作的共有 8 人。那时，顾诵芬他们毕业以后到中央重工业部报到，部长是何长工。

在一篇回忆中国航空工业主要创始人、时任航空工业局副局长段子俊的文章中，顾诵芬详细记述了到沈阳后的情况：

当时由于水灾，京沈铁路被大水冲断了。我们去东北的大概等了两周，才乘火车去沈阳，到航空工业局报到。这样长时间地滞留等待，使这批学生都有些不耐烦，有的甚至于有情绪了。当时的大学生出差是不能坐卧铺的，我们熬了一夜，到沈阳八纬路 32 号一个小院，那是航空工业局机关所在地。

段子俊当时作为航空工业局的负责人，亲自接见了毕业生们，并告诉管行政的同志，把他们安排在沈阳最干净的旅馆休息，然后派辆卡车，摆上几张长条凳，领他们去观光一下沈阳市容，最后送他们去北市场最大的澡堂洗澡。

经过他这样的安排，大家的烦躁情绪就消了一大半。晚上，他又召集大学生们开座谈会，桌上还放了水果、糖和茶。局里的各位处长也都来了，向他们介绍了航空工业初建的大致情况。

因为很多同志还要从沈阳被分配到哈尔滨工厂，所以段子俊很亲切地问大家：来东北有什么困难？的确，很多从南方，特别是广东来的同学都表示冬天御寒是个大问题。于是，段子俊告诉他们，到了厂里以后，可以向厂里预支钱做冬衣。

顾诵芬到沈阳航空工业局机关报到后，遇到了交大的学长、时任航空工业局生产处处长徐昌裕。之后的半个多世纪，顾诵芬长期在徐昌裕的领导下工作。

上手“翻译”制图，正值抗美援朝

航空工业在新中国成立以后的初创时期，主要任务是修理苏联支援的各型飞机。顾诵芬在生产处制图组工作，按照苏联的制度规定，保管图纸资料的文件柜要加装铁栏杆，资料柜里还有一支冲锋枪。

在这样的管理体制下，各工厂完成修理任务需要图纸，就要航空工业局制图组技术人员对照原图画出新图，再将上面的俄文翻译成中文，然后描图、晒蓝后下发工厂。顾诵芬赶上了复制雅克 –11 飞机起落架图纸的任务，这是苏联雅科夫列夫设计局设计的一种活塞式中级教练机，也可作为歼击机、侦察机使用。

在机械制图中，投影方法从大学里学的第三象限法，变成了苏联图纸采用的第一象限法。除此之外，还要过语言关：图纸上都是俄文，需要掌握一定程度的俄语。对于这份自己的第一项工作，顾诵芬上手挺快。因为他在交大读三年级时，上海解放了，航空工程系同学自己办了俄文班，利用晚上的时间上课。他曾经在那里读过两个多星期，认识了俄文字母，知道了发音、拼写和简单的语法，也掌握了一些单词。俄文的问题比较好对付，遇到不认识的单词，通过查词典也还可以了解词义，难的是材料牌号、公差配合方面。

在组长刘多朴、哈尔滨工业大学毕业生宁佩的指导和帮助下，顾诵芬顺利地完成了第一项任务——翻译、复制了三四百张 A4 纸大小的雅克 –11 起落架图纸。

刘多朴经常对他说，绘制、校核图纸一定要仔细，否则图纸发到工厂，一点小的错误都有可能造成零件成批报废。每次画完图纸，都由顾诵芬负责校对后交刘多朴审核。虽然校对时顾诵芬非常细心，但刘多朴还是能发现不少错误。他对工作的极端认真负责，给顾诵芬留下了深刻的印象。

在此工作的大半年中，顾诵芬能直接感受抗美援朝的一些气氛。他们描图用的都是用氨熏过的图纸，描完以后得等白天，在正对着东塔机场的楼顶阳台上晒图。那时候，抗美援朝的飞机都是从那座机场起飞的，忙得很，一会儿一批。飞机的外涂装经常变化，原来都画的是朝鲜军徽，后来画的是中国人民解放军的军徽，有时候干脆就什么也没有了。

图书馆的好习惯帮上了忙

朝鲜战场上的交战双方虽然在 1951 年 7 月已开始谈判，但战事并没有停止，尤其随着苏联空军参战，空战更趋激烈。苏联援助的飞机、发动机需要在中国修理，但修理用的原材料、配套件等都要苏方供给，任务紧张的时候，苏方也不能及时提供。

怎么办？刘多朴提出用日本材料代替苏联材料。代料，即用一种材料代替原定材料，在制造业中是一件严肃的技术工作，必须对新选用材料的化学成分、物理性能等有深入了解。正常条件下，这些内容通过查阅材料手册就可以获知，但在当时，苏联、日本各有自己的材料标准体系，要选用日本材料，必须有日本的材料手册。

在图书馆长大的顾诵芬从小喜欢读书，也很注重书籍收藏。在关键时刻，他的这一特点发挥了作用。

在沈阳的那一段时间里，顾诵芬喜欢到南湖一个旧货市场淘旧书，尤其是淘一些日文的技术书籍。在他买下来的书中，正好有一本关于日本航空材料的，经过仔细对比，他发现日本材料成分跟苏联材料成分差不多，于是拿给刘多朴看，最后确定可以用日本材料替代；但中国人说了不算，还得苏联专家通过，最后苏联专家也认可了。

顾诵芬离开学校的时候，就属他行李多，有一个大柳条包，里边全是各种各样的书，其中就有一本很厚的 C–46 飞机维修手册。当时航空工业局还负责修 C–46 的运输机，找零件没有依据，这本书里都有。

顾诵芬的习惯就是从父亲那里学来的——离不开书。那个书箱特别重，大家都说，你怎么带这么多，别人都不怎么带，太重。反正与航空有关的书，顾诵芬都买，而那个时候这种书并不好买。

每天对着图板复制、翻译苏联的现成图纸，实在过于简单枯燥，他不甘心就做这些工作，经常会找一些技术书籍、刊物来看。回忆时，顾诵芬讲道：

到了航空工业局，俄文的学习班、补习班办了不少，但我从没有完整地参加过一个。我学俄文，靠的是一本英文版的《无师自通》（*Self-Taught in Russian*），还有一本韦光华编写的图解俄文语法，再有就是美国人战后编的《俄英化工词典》。……就这样，慢慢地，俄文的技术书籍就可以看懂。

那个时期，顾诵芬最大的乐趣就是在每个周末、节假日，兜里装上 5 元钱，逛书店。

“小顾”得偿所愿搞设计

换岗遇上良师益友

徐昌裕原来的想法是在顾诵芬熟悉一段时间工作以后，让其接替刘多朴来管理制图组的工作，但情况有了变化。航空工业局机构调整，刘多朴被调到负责材料供应的部门，制图组被撤销，飞机技术科（即第一技术科）成立了，主管各飞机厂的设计科以及飞机制造的工艺技术问题，徐舜寿任科长。顾诵芬被调到第一技术科任技术员，开始在徐舜寿的直接领导下工作。

此前，顾诵芬就经常向徐舜寿请教图纸上的俄文术语。他觉得徐舜寿很像在校时的老师，事实上对方也确实是对顾诵芬影响极大的良师益友。

徐舜寿是新中国的第一位飞机设计师、新中国飞机设计的奠基人。2001年7月，在庆祝建所40周年的活动中，601所组织编写了一本纪念徐舜寿的文集《中国飞机设计的一代宗师徐舜寿》，收入顾诵芬写的《忆新中国飞机设计事业的奠基人——徐舜寿同志》一文，其中写道：

> 我第一次见到徐舜寿同志是1951年9月在沈阳。当时他是航空工业局生产处技术科的副科长，负责审查俄文技术资料的翻译工作。我从老同志那里知道他过去设计过飞机，1950年翻译了苏联的《飞机构造学》。到1952年中，航空工业局机构调整，他被任命为第一技术科科长，主管各飞机厂的设计科工作以及飞机制造的工艺技术问题。我也被调到他的科里当技术员。他在担任这个职务后，积极性很高，在完成当时急需任务的同时，还关心着新中国飞机设计事业的建设。

1952年，徐舜寿又得到一本俄文的《飞机强度学》，他看后觉得内容非常实用，不像英、美教科书那样只讲理论。他决心把这本书介绍给中国的青年学生，于是亲自翻译。他的翻译工作是在出差途中做的，比如在坐硬卧去南昌的途中，徐舜寿拿着他的小箱子当桌子，以半小时两页的速度把书翻译出来，所以这本书不到1953年底就付印了。所有这些书出版后，徐舜寿没拿分文稿费，应得的稿费都捐献出去了。把新的飞机设计技术介绍给国内的有

顾诵芬在《中国飞机设计的一代宗师徐舜寿》一书首发式上讲话

志之士，这是他的心意。

设计师团队平均 22 岁，他 26 岁

那段峥嵘岁月，中国使用的飞机几乎都是在苏联专家的指导下制造的，只能原样复制他们的，对设计原理一概不知，也无权进行任何改动。那时顾诵芬就意识到："仿制而不自行设计，就等于命根子在人家手里，我们没有任何主动权。"

经局领导同意，徐舜寿在第一技术科设立了设计组，他将当时在局教育处工作的黄志千请来担任设计组组长。设计组有李在田、程不时和顾诵芬等成员，他们开始酝酿设计一架什么样的飞机。徐舜寿认为，中国空军需要一

顾诵芬（右二）等与苏联专家在一起

种中级教练机，而且应该是喷气式的。

1956 年 8 月，《关于成立飞机、发动机设计室的命令》一下发，航空工业局首先调徐舜寿、黄志千、顾诵芬、程不时 4 人到设计室工作。同月，新中国第一个飞机设计室在沈阳建立，首项任务是设计我国第一架自主设计的喷气式教练机歼教 -1。那一年，顾诵芬 26 岁，在这支荟萃新中国最优秀飞机设计师的队伍中，他承担起了气动组组长的职务。

时隔近 40 年后，程不时在自己的回忆录中介绍了自己和黄志千、顾诵芬踏上飞机设计这条创业之路的心情：

这是一个微雨的清晨，工厂派了一辆卡车来接我们。我们坐在卡车堆放的行李上，淋着小雨，心情却十分舒畅而兴奋。我自幼便随家庭南北奔波，自到北方读大学以来更是远离了南方故土，所以从北京到沈阳工作，地域和环境的改变引不起我什么情绪波动。

飞机设计室大门

20 世纪 50 年代，沈阳飞机制造厂是我国最大的飞机工厂，在沈阳北郊，位于清兵入关以前金代王朝的一座皇陵“北陵”后面，与皇家陵墓之间是一片茂密而古老的松树林，几百年树龄的松树郁郁葱葱，青翠一片。再往东去不远，就是“九一八”事变中遭日军进攻的东北军驻地北大营。工厂的干部和工人，都是从全国精选来的。

然而，新的机构，意味着办公、科研和生活条件建设都得从零开始。初入厂部，飞机设计室的办公地点在 112 厂技术大楼三楼，只有临时腾出的几间办公室，非常拥挤。当时规定，从外地调来的人员不准带家属，一律住单身宿舍，在集体食堂吃饭。

在设计室筹建过程中，航空工业局领导给予了极大支持，从各厂设计科调集了多名主管设计员级别的技术骨干，同时从南京航空学院（今南京航空

日后完成修缮的平房之一，用于飞机设计室办公

航天大学）、北京航空学院、清华大学、华东航空学院等高等院校的毕业生中录用了一批年轻人。就这样，飞机设计室组成了一支平均年龄仅 22 岁的设计队伍。1956 年 11 月底，人员基本到齐，设计室共有 72 人，党、团支部相继成立。

当年与顾诵芬同为交大毕业生，后来成为 132 厂总工程师、中国工程院院士的屠基达回忆道：

我原来在 122 厂任设计科科长，1956 年 11 月接到通知，调我去沈阳飞机设计室。正值四局徐昌裕副局长来哈尔滨检查工作，他找我去汇报。……他向我介绍了打算设计双座喷气式歼击教练机的方案，最大速度 800 千米 / 小时，喷气式发动机由 410 厂发动机设计室设计，推力为 1 600 千克力，分别以歼 –5 飞机和涡喷 –5 发动机为原准机，这个自行设计起步虽然低一些，但稳妥可靠。我听了以后，很是兴奋，从修理到仿制，再跨到自行设计，几年工夫，连跨三大步，我真是生逢其时呀！

1956年，南京航空学院毕业生黄德森也是最早进入飞机设计室的青年人，他在一篇文章中这样回忆在设计室时期的顾诵芬：

设计室不到100人、平均年龄只有22岁，但大家叫顾诵芬为“小顾”，这是因为他长相年轻，举止斯文，作风谦和。虽然他已是极少数的八级

顾诵芬（左一）与黄志千（左二）等合影

工程师，工资100多元，可说是年岁大、资格老（1951年交大毕业）、学问高，但他毫无架子，和大家工作、生活在一起，平易近人，所以大家叫他“小顾”，实际是一种亲切的昵称。

“戴帽子”，白纸变飞机

“白专”典型边洗脚边看书

一张白纸可以画最新、最美的图画，但那真是一张白纸。中国的自主设计从一架教练机起步，因为要上的课确实很多。从北京221厂调到沈阳飞机设计室工作的冯家斌，回忆自己成长为一名飞机外形设计和模线方面专家的经历时，提到了当年的情景：

当时设计室人员大部分是刚刚从学校毕业的学生，根本谈不上飞机设计经验，面临歼教-1飞机设计，大家都在努力学习。身为气动力组组长的顾诵芬工作压力是相当大的，整架飞机的气动力问题都压在他的身上，他只有苦苦地找资料，艰难地钻研学习。他不仅帮助大家找资料，还把自己仅有的资料借给别人用，准确地说是送给别人用。有一次顾诵

> 芬给我一本图册，里边是古代造船用的船形模线的画法，以及船形表面光顺与否的检查方法。

冯家斌在三四十年的工作中，一直把这本图册保留在身边，直到退休多年以后，他才将这本图册完璧归赵。顾诵芬说，图册是他 1952 年从上海的西文书店买来的。

在冯家斌看来，顾诵芬这种努力钻研、好学上进、有了成就而不张扬的学者风度，以及乐于助人的高尚品德，大家始终铭记在心。大家对顾诵芬都十分敬重。“记得大家都称他为‘小顾’，后来他年纪大了，大家仍然称他为‘小顾’，这表明了大家对他有某种特殊的尊敬和爱戴。”

徐舜寿给了“小顾”一个“特权”，每次去北京出差，他都可以到内部外文书店购置和预订美、英等国关于飞机设计技术的公开报告和公开发行的航空期刊、书籍。在这个时期，顾诵芬对科技书刊资料钻研到了忘我的程度。与顾诵芬曾经同住一间单身宿舍的冯家斌回忆：

> 顾诵芬晚饭后大部分时间在办公室继续工作、找资料、看书，所以回到寝室比较晚。他回到寝室里，首先拿暖瓶到茶炉打一瓶开水，用开水先冲一大茶杯奶粉，并用汤勺搅拌一下，余下的热水倒在脚盆里，再到水房兑些凉水，放在桌子下面，自己坐在床边，双脚轻轻地放在盆里，然后翻开桌上早已准备好的要看的书，这些书大部分是英文版的技术书。

手里捧着书看，盆里的双脚相互搓洗，还不时地用汤勺搅拌一下茶杯里的奶粉。总之，手、脚、眼都不闲着。当书翻得差不多的时候，双脚也泡好了。此时，牛奶温度正好，他便一饮而尽，然后到水房洗漱完毕，回屋倒头便睡。在睡觉前，他既补充了营养，又看了书，还做了泡脚保健，这样良好的生活习惯他常年保持着。

颇有意味的是，顾诵芬还因此成了“白专”（过去指只钻业务而不重视政治学习的人，带贬义）的典型，有人曾向主任徐舜寿反映，顾诵芬连洗脚时都看书。在徐舜寿的历次检查提纲和交代中，多次提及一个有关顾诵芬的例子——“我反而为他辩解说：‘这没有什么可笑的，当技术人员就得有这么个钻劲。’”

师元光与顾诵芬在一起（徐瑞哲 摄）

中国航空工业集团公司科学技术委员会师元光等人认为，“白专”典型对于顾诵芬也许并不完全是一件坏事。在当时各类政治运动中，他戴着这样一顶“帽子”，也就自然而然被排除在局外，从而有机会潜心研究航空科学技术文献资料。

中国设计第一架喷气式飞机，定了

中国设计的第一架喷气式飞机，就是亚声速喷气式中级教练机——歼教-1。其临界马赫数为 0.8，也就是 0.8 倍声速，选用平直机翼、两侧进气方案。顾诵芬直言：“任务一明确，开始就是气动布局的问题。我感到压力很大，平直机翼飞到马赫数 0.8 是一个难题。”与此同时，“对机身的考虑，当时徐舜寿明确提出，一定是要两侧进气，不能再用机头进气，这也是个难题，国内没人干过。”

没有任何指导参考文献，经验技术极其匮乏，在大学里学习螺旋桨飞机的顾诵芬只能从头学起。“当时也没复印机，我就买描图纸、三角板、曲线板，把有关的图都描下来。花了一个星期，把这篇文章基本上看明白了。”在飞机设计事业初创阶段，顾诵芬的头脑像一台有着超大容量存储器的计算机，他把所能搜集到的苏、美、欧洲国家的书刊、研究报告等有价值的信息全部装进头脑中，又与面临的课题结合起来进行深入细致的思考、分析与计算。

经过努力，顾诵芬终于完成了歼教 -1 全部气动参数的确定。经过初步计算，飞机的最大平飞速度为 850 千米 / 小时，升限为 12 000 米，航程为 1 000 千米，正常起飞重量为 4 110 千克，装一门 23 毫米口径航炮。在完成了翼型选择、进气道参数确定和翼身组合与计算等工作以后，设计工作转入了对计算结果的试验验证阶段。

为模拟飞行器在空气中的状态并测试、研究其飞行性能及品质，必须用到风洞这样一种特殊的试验设备。当时的中国，只有创办不久的哈尔滨军事工程学院（以下简称“哈军工”）有两台直径为 1.5 米的回流式低速风洞，这是由马明德、庄逢甘教授亲自设计并参与制作的。他们两位都曾是顾诵芬在交大读书时的老师。

可以说，飞机设计工作的一个主要特点，就是要通过一次次风洞试验确定包括飞机外形尺寸在内的各种参数。1957 年的冬天，天气很冷，黄志千、顾诵芬在哈尔滨做了两个月的进气道方案试验。黄志千与马明德在交大时是同班同学，在做试验时，他们俩商量决定用鼓风机抽的方法模拟发动机抽气，但所需的鼓风机外面买不到，于是安排顾诵芬来设计。

对顾诵芬来说，这又是一个全新的课题。他找了有关鼓风机的参考书，完成了设计，交由哈军工实习工厂车间加工。试验效果很好，进气的速度比飞行的速度还要高。顾诵芬经常说：“我的本事就是会找书。这是我从小在合众图书馆生活，受老一辈影响形成的（习惯）。”

其实，他不仅会找书，动手能力也很强。两个月下来，试验有了结论：在进气速度超过预定飞行速度时，不会出现发动机喘振现象。随着风洞试验中一个个问题的解决，歼教 -1 的气动力设计一步步成熟，顾诵芬在飞机空气动力学的应用与实践方面的学识基础和经验也在不断积累。回忆自己在飞机气动设计方面的成长，他非常感谢张桂联、马明德两位老专家：

引路靠老专家，成长就要靠自己学习。当时歼教-1 选减速板位置的时候，张桂联答应我们，说你到我北航来；后来设计有问题，基本上就找他问。我们在哈尔滨吹风有问题就找马明德。我受益于他们两位的引导，没有这样的老先生，我也不知道飞机设计该怎么干。第一是老先生们的引导，第二就是资料，也是他们指导我怎么看资料。

从木质样机做起，试飞员擦了擦鞋底的土

20 世纪 50 年代，需要用木质材料按照设计尺寸制造样机。与风洞试验的等比例模型不同，样机与真实的飞机大小相同，亦称“全尺寸”样机。

1957 年 6 月，歼教–1 木质样机做出来了。根据空军对样机的审查意见，设计室对歼教–1 飞机的总体方案进行了修改，将机翼面积减少了 1.5 平方米，

顾诵芬（二排右三）与苏联专家等在歼教-1 飞机木质样机前合影

燃油减少了 200 千克，总质量减少到 4 吨，以提高飞机的机动性。经重新打样，在 11 月完成了样机的修改。11 月底到 12 月初，样机顺利通过了审查组对其进行的第二次审查，并报请上级批准，空军订货部部长黄炜华少将签了字。

虽然木质样机通过了空军的审查，但航空工业局领导仍不放心。1957 年，局领导决定，请苏联方面对歼教 –1 的整体方案再进行一次评审。1958 年 3 月，苏联雅科夫列夫设计局又派了总体组的主管设计师马尔达文来 112 厂审查歼教 –1 的飞机图纸。

马尔达文是一位知识面很广、很有经验的飞机总体设计师，年龄与时任 112 厂飞机设计室副主任设计师叶正大相仿，对气动力、强度、气动弹性相关

歼教-1 被拉出总装车间

知识都很熟悉。他后来成为垂直起落飞机雅克–38 的总设计师。他来的主要任务是审查歼教–1，用了 3 天时间，就那么站在图板前，看完了 2 万多张 A4 纸大小的图纸。

这位设计师水平的确很高，就这么几天时间，还真看出了问题，指出中国人的设计中，垂尾的传力路线存在问题，也就是垂尾的载荷传递不到机身。大家对他很钦佩。

徐舜寿听取了他的意见后，马上让结构室修改结构设计、改图。事实上，在设计研制歼教–1 的年代，飞机设计制造和新机的试飞都是新中国航空工业历史上从未做过的全新的事。

经过飞机设计室和 112 厂全体参研人员的努力，1958 年 7 月 2 日，装备喷发–1 发动机的歼教–1 飞机在沈阳飞机厂机场首飞成功。程不时将歼教–1 飞机的这次首飞写进了自己的回忆录：

> 1958 年 7 月，歼教–1 完成了试飞前的一切准备，距离王西萍局长来工厂动员又正好 100 天。这是歼教–1 历史上第二个 100 天。7 月 26 日那一天，全体机务人员在检查完飞机后，在飞机旁列队立正。组长跑到身穿皮飞行服的试飞员面前，猛然立定，举手敬礼，报告“准备完毕，飞机良好”。这个场面是很感人的。

这架新飞机的表面喷着银白色的罩光漆，使其成为一架名副其实的“银燕”。试飞员于振武来到登机梯前，看着这架崭新的、从来没有人飞过的飞机，不自觉地用脚在地上擦了擦鞋底上的土，才攀梯登上飞机。

于是，指挥台升起一颗绿色的信号弹。这是对歼教-1 放飞的信号，是对这支航空设计队伍的成绩进行初次考核的信号，也是祖国航空设计事业起跑的信号。在这个历史性时刻，程不时感到喉头发紧，眼睛直冒泪花。

歼教 -1 在跑道上加速向前冲去，轻盈地飞上了蓝天。只见它逐渐积累高度，形状也迅速变小，然后灵活地转了一个弯，保持在人们的视线内。当时许多设计人员和工人都在跑道边观看，紧张的心情立即释放出来，迸发出一片掌声和欢呼声，在空旷的机场上汇成巨雷般的轰响。

按照初次飞行的规定，歼教-1 绕场一周后，便下滑进入着陆航线。这是中国的第一架喷气式飞机的胜利航行。飞机安全着陆后，设计室主任徐舜寿和于振武热情拥抱，人们把于振武抛了起来。

毛主席、周总理也关注教练机

成名之作背后是无名英雄

1958 年 8 月 1 日，沈阳市庆祝八一建军节，要歼教-1 到于洪机场做一次飞行表演。于振武提出，由于歼教-1 很多科目没有飞过，飞行表演难以飞什么动作，于是就设计了一个高速通场，由他与试飞员敖厚德一起飞。在通场时，敖厚德坐在后排，正在向侧面看，于振武一加速，巨大的过载使他都无法转过头来。

8 月 4 日，沈阳庆祝大会期间， 歼教–1 在 112 厂又做了一次飞行表演。这一次， 叶正大请来了叶剑英元帅和空军司令员刘亚楼。于振武飞得很低，而且做了盘旋。刘亚楼一看就急了，赶忙喊停。结果，于振武又飞了一圈。

据说，沈阳军区空军后来为此还找于振武谈，说：“你怎么飞得比电线杆子还低？”于振武说：“我再有胆量，也不可能飞那么低！”本来要给他一个处分，后来也就不了了之了。

首飞成功后， 试飞站的苏联专家曾经对徐舜寿说：“ 我真为你捏了一把汗。试飞员只用两周时间熟悉情况，这在苏联从没有过。”

令人多少有点遗憾的是，歼教–1 飞机命运多舛，虽然是一次成功的设计，但不久就下马了。其不足之处是发动机采用的是老式的离心式压气机，耗油率大。事实上，在我国开始设计歼教–1 飞机时，捷克、日本等国也在设计喷气式教练机。他们的工业基础相对雄厚，设计经验也更丰富些，但捷克的 L–29、日本的 TIF2 的上天时间都比歼教–1 晚一两年。相比之下，歼教–1 飞机的性能比同时代的教练机都要好。

歼教–1 飞机从 1956 年 10 月开始设计到 1958 年 7 月首飞成功，只用了一年零九个月的时间，其速度之快，在发达国家也属罕见。“中国航空工业史丛书”对歼教–1 做出了这样的评价：“歼教–1 飞机的研制成功，是中国航空工业由飞机修理、仿制进入自行设计喷气式飞机的开端，它标志着中国航空科研已迈出了重要的一步，跃上了一个新的台阶。”

1958 年 6 月 6 日，毛主席在时任一机部部长赵尔陆、航空工业局副局长徐昌裕的陪同下，参观了在北京中南海瀛台举办的航空工业展览。这次参观留下了一张珍贵的历史照片，画面中，工作人员向毛主席介绍正在生产中的歼教-1飞机，毛主席饶有兴趣地听着他们的介绍，并手持模型仔细观看。作为幕后英雄，顾诵芬一直珍藏着这张照片。

事实上，新中国第一架自行设计的飞机胜利试飞的消息，当即就被报告给了周总理，当时甚至打算让其在国庆节时飞过天安门。但经过对环境条件的通盘考虑，周总理认为当时还不宜公开。周总理说，告诉这架飞机的设计人员，要他们做无名英雄。只有新华社为这架飞机首飞成功发了一条内部消息。

忍得隐姓埋名，方能惊天动地。周总理请人转告的决定应该是从当时的政治、外交等多方面考虑的结果。当时的航空科研人员与全国人民的觉悟都很高，当“无名英雄”和“一切服从党和人民的需要”，已经成为国防科技工业战线每一个人自觉遵从的原则。

顾诵芬之后又有过多少次当“无名英雄”的经历，没有记录，也无从统计。事实上，顾诵芬随后又完成我国首型初级教练机——初教-6（原名“初教-1”，后改名“红专502”）的飞机气动布局设计，建立了亚声速飞机气动力设计体系。这是他在完成歼教-1以后的又一次成功，也是他在飞机气动设计方面走向成熟的标志。初教-6飞行品质出色，为我军培养了数以万计的飞行员。

完成初教-6的设计后，顾诵芬一刻不停，转身又投入超声速飞机气动力设计研究。当时国内一无超声速风洞，二无工程适用的数值计算能力。他依靠扎实的理论功底，首次建立了超声速飞机气动力设计体系，实现了超声速飞机气动力设计、计算、试验与试飞的闭环。他所创立的飞机气动力设计方法体系至今仍被国内飞机设计采用，为后续歼击机的设计做出了历史性的贡献。

顾诵芬（后排左二）与飞机设计室同事及苏联专家在初教-6 木质样机前

正如 1990 年底，中国空气动力学学会在推荐顾诵芬为中国科学院学部委员候选人的推荐书中，对他这一时期的工作和达到的学术水平评价所说：“（顾诵芬）通过歼教–1、初教–6 飞机的自行设计，于 1960 年总结和创立了一套设计超声速歼击机气动布局与估算气动特性的方法，处于我国歼击机整体研制水平和专业的领先地位。”

“顾总早就该是党员了”

1958 年 8 月，就在歼教–1 飞机首飞后一个月，中共批准了国家计划委员会关于第二个五年计划的意见书。意见书认为，到 1962 年我国不仅可以提前建成一个具有现代化工业、现代化农业和现代化科学文化的社会主义国家，而且可以为开始向共产主义过渡创造条件。

按照1959年国民经济计划，经过1959年这一年的时间，我国主要工业产品的产量除了电力工业等少数产品产量外都可以超过英国。中央要求各地区按照以上精神编制计划草案。由此，全国范围内掀起了一浪高过一浪的“大跃进”狂潮，一个个新的、超越当时实际能力的项目接二连三地上马，你追我赶，万马奔腾。

在院校、企业、地方促进下，航空工业也开始了“大跃进”：东风-104、东风-106、东风-107……东风劲吹，指标一个比一个高。紧随其后的，是来自哈军工的满足“双25”（马赫数2.5、最大升限为25千米）指标的东风-113。趁着“大跃进”“东风”而起的机型，其“中途退赛”的结果可想而知。

这期间，顾诵芬遭遇的“挫折教育”不止于此。曾任601所工会主席的徐德起在一篇文章中回忆了顾诵芬的入党申请。1959年，顾诵芬向党组织提交了首份入党申请书，这是他思想上的一次飞跃，爱国之情、对共产主义的向往，集中为一种自觉的行动，那就是坚信党，为共产主义奋斗终身。他在申请书中写道：

> 我出身于旧知识分子家庭，在半殖民地半封建的旧中国曾幻想过工业救国和航空救国。但国民党的腐败无能，无情地打碎了我的幻想。中华人民共和国成立后，抗美援朝的伟大胜利，恢复和发展工业所取得的重大成就，使我深深地体会到没有共产党就没有新中国，也就没有我个人的一切。因此，我要在党的教育下，不断改造自己，克服各种非无产阶级思想，树立革命的人生观，为祖国的航空科研事业做出贡献，早日

成为党组织的一员。我愿接受党的任何严峻的考验。

这是顾诵芬的心里话。但是，当时由于“左”的思想影响，党小组组长认为他走“白专”道路，属于被改造之列，没有接收他的入党申请书。这次与党小组组长的谈话，影响了顾诵芬多年。

比如，1964 年，在 601 所担任副总设计师的顾诵芬被授衔少校，在提职鉴定中，601 所政治部认为他的缺点是“政治进步要求不迫切，阶级觉悟不高”。直到 1981 年 4 月，已经担任 601 所总设计师兼副所长的顾诵芬才由吴正勇、赵沛霖介绍入党。自 1959 年向组织提交申请算起，他经历了长达 22 年的争取和努力。

徐德起在文中写道：“当顾诵芬同志入党的消息传开后，所内许多职工都在讲：‘顾总早就该是党员了。’”

“大跃进”后的终生之爱

六院里，只是一个工程师头衔

1958 年 5 月后，全国的“大跃进”达到高潮。徐昌裕作为航空工业部门的领导人，在他的回忆录中记录了一段关于两个“马鞍形”非常形象的话：

第一个五年计划时期，我们是在长江里行船，风平浪静，很顺利；而“大跃进”时期，即从 1959 年到 1962 年，我们的船则驶进了大海，面临的是狂风大浪。这一时期有很多经验教训值得总结。

有同志说，航空工业经历了两个“马鞍形”，这很形象。我们大家都同意。第一个“马鞍形”是“大跃进”，这大家看得很清楚。第二个“马鞍形”就是“文化大革命”，破坏性大，成就很少，大家都谴责。

在这个时期，我们航空工业也和全国一样，我们接受了“破除迷信、解放思想”的影响，我们也提出了“五年超英、十年赶美”的庞大计划。那时不仅提出了搞大型轰炸机、大型运输机，还提出了搞原子能飞机。

在“大跃进”时期，中国刮起了一股制造飞机的“浮夸风”。其特点是，航空工业厂、所、院校以及一些与航空毫无关联的单位，都不顾本身实际条件，竞相设计、制造飞机，一时出现了航空工业的无政府状态。仅 1958 年上天的飞机就有 11 种，正在设计或改型设计的还有 13 种。试制出的飞机大都是上天飞一次，敲锣打鼓送完喜报以后就再也没有了下文。

在航空工业系统内部，也喊出了一个又一个“振奋人心”的口号：“三年超英、五年赶美！”“尖端产品脚踏美利坚！”“迅速攀登世界航空技术高峰，用十几年时间，走完美国航空工业 60 年走过的道路！”在这样一些浮夸的口号下，计划越做越大，型号越提越多，产品性能越吹越玄。

1959 年 12 月，按照上级决定，112 厂原第一设计室全部合并到第二设计室，组成东风－113飞机设计室，即产品设计室，后来成为601所的主要组成部分之一，当时顾诵芬在各个专业组之一的气动组任副组长。1960年1月9日，航空工业局给相关厂所的领导发电报称：东风－113已被作为向建党40周年献礼的重要项目之一，为此发动机必须在当年国庆节前夕上试车台架，飞机必须在1961年5月1日前首飞。这是摆在航空工业面前的一项重大政治任务，必须坚决完成。

1959年底，新设计室安排办公室。两个单位的人合起来，地盘不够。一部分人原先在112厂设计科三楼办公，合并以后，这些人又回到了平房。大楼里，有几间办公室还被继续占着。

合并以后，哈军工的少将副院长等来视察设计室，也来看了顾诵芬所在的气动组。副院长与大家见面以后，用批判的口气说："别以为自己了不起，什么都知道，要反对专家当政。"顾诵芬事后淡然说道："我当时没有说什么，但我知道这些肯定是针对我来的。"

1960年12月20日，中共中央批准中央军委关于组建航空、舰艇、军事无线电电子学这三个研究院的报告，批准成立航空研究院——国防部第六研究院（以下简称"六院"）。

六院一所（601所）首任所长刘鸿志在自己的回忆录中写道：

> 根据总参1961年7月18日关于六院成立十个研究所的批复及六院指示，六院一所（飞机设计研究所）于1961年8月3日在沈阳正式成立。为把当时国内有限的飞机设计力量集中起来形成拳头，上级领导决定：将第二机械工业部航空工业局（四局）设在沈阳112厂的飞机设计室（243

人）、军事工程学院参加东风–113飞机设计的师生（39人）以及空军第一研究所（711人）全部集中起来组建六院一所。当时共有军职人员993人（1962年6月空军党委决定恢复空一所，同年8月将南苑使用维护研究室及部分党政干部、技术工人、工勤人员共265人及相应物资设备移交空一所）。这些人员分驻两市三地，即北京南苑、沈阳三台子及小河沿万柳塘路。建所伊始，百业待兴，但当务之急是抓合编组建。

在这一时期，顾诵芬在气动组没有行政职务，只有一个工程师头衔。开始他有些想不通，认为这个气动组原来是自己负责的，而现在什么也管不了。后来王南寿代表党委给他做了解释，说所领导希望有一些技术骨干不要管行政，以便有充分的时间钻研技术。

1961年下半年，国家科学技术委员会党组和中国科学院党组在调查研究和广泛听取科学技术界意见的基础上，制定了《关于自然科学研究机构当前工作的十四条意见（草案）》，简称“科学十四条”，并经中共中央批准，在全国试行。“科学十四条”总结了新中国发展科学技术事业的经验教训，特别是针对“大跃进”中曾经发生过的错误，重申了党对知识分子的政策，提出要团结一切爱国的知识分子，鼓励科学技术人员走又红又专的道路。

在刘鸿志的回忆录《回忆与思考》中，写到了被认为在“红专”上有问题的6个人。其中，较突出的是顾诵芬，因为他认为研制尖端机型没有技术是搞不出来的，搞飞机必有三点：“风洞、规范、教授或讲师一级的专家”。为此，他曾被说成走“白专”道路。事实上，在刘鸿志眼中，顾诵芬事业心强，技术业务精，是解放初期大学毕业的老技术骨干。他们不仅为他平了反，

顾诵芬（前排左二）与同事合影

而且把他由气动工程师直接提为副总设计师，使其聪明才智得到了充分发挥，后来成为歼 -8 Ⅱ的总设计师、601 所所长兼总设计师、两院院士、人大常委会委员，是国内外知名的航空气动专家。

插曲：在儿科大夫江泽菲终身“照料”下

顾诵芬“个人问题”的解决，离不开年长他 16 岁、亦兄亦友的同道黄志千。

“我跟黄志千在 1951 年就认得了，是在 9 月份的时候。我当时在航空工业局很不安心，因为老画图——我的思想是出来要赶紧设计飞机，不愿意画这些图。”当时，顾诵芬在交大时高班的一个同学刘鹤守曾经是地下党员，他受航空工业局徐昌裕领导，是一个党小组组长。徐昌裕关照他做顾诵芬的工作，让顾诵芬好好安心工作。刘鹤守真是兢兢业业，国庆节的时候他把黄志千从 112 厂找来，三人上沈阳最热闹的太原街一个 7 层楼的百货商店最顶层吃了顿饭。

顾黄两人第一次见面，黄志千就喜欢上了这个勤奋好学、聪明过人的校友、学弟。第二年，黄志千与顾诵芬同在徐舜寿领导下的第一技术科工作。黄志千是设计组的组长，顾诵芬是设计组成员之一。1952 年，38 岁的黄志千经朋友介绍与北京市的女中英文教师江载芬结婚，1956 年，黄志千只身到沈阳，与徐舜寿、叶正大创建飞机设计室。次年，江载芬带着两个女儿到沈阳，把家安在了 112 厂宿舍区。

江泽菲在北京

1961 年，已经 31 岁的顾诵芬还是单身。黄志千与妻子商议，要为顾诵芬和妻妹江泽菲做一次月老。

江泽菲，1936 年 1 月出生于北京市，是家中的小女儿，有一个大哥和两个姐姐。1952 年，她考入北京医学院医疗系

1962 年顾诵芬结婚时的全家照，前排为父母，后排为小夫妻

儿科专业，于 1957 年毕业。在填写分配志愿时，她选择了与大姐在一起，于是到沈阳医学院第一附属医院任小儿科大夫。到沈阳后，江泽菲住在医院的单身宿舍，星期天、节假日会去大姐家玩。

顾诵芬也坦言："黄志千在给我介绍的时候，特别强调说，江泽菲的家庭政治上是有点问题的，如果与她结婚，我可能与黄志千一样，有的工作就不能干了。"这意思是，有些涉及国家绝密的、太尖端的工作就不能干了，让顾诵芬仔细考虑。听了他的话，顾诵芬没有想太多。

江泽菲记得，1961 年的一天，她到大姐家感到气氛不同以往，大姐和黄哥哥似乎有点紧张……后来才知道，原来是他们约了顾诵芬来。她觉得这个人显得特别拘谨。在这以前，他们已经对自己说过小顾这个人，但她没有太在意，只是觉得大姐和姐夫都是知识分子家庭出身，喜欢读书人。

江泽菲工作的医院在小河沿，地处沈阳市东南方位，与一所处在对角方向上，当时的交通很不方便。1961 年，两人认识以后，星期天还会去公园走一走。1962 年 8 月，顾诵芬与江泽菲结婚了。结婚以后，顾诵芬说，“我可能没有那么多时间陪你了。”于是，每一两个月两人会一起进一次城。那时从前塔湾到后塔湾，每天就只有早上六七点钟有三趟车，间隔半小时；下午三四点钟再有三趟车，也是半个小时一趟。

他俩早上一起出去，到沈阳最繁华的商贸中心，就是火车站附近的太原街。到了那里，江泽菲到菜市场、食品店、百货商店采购食品、家用，顾诵芬帮不上什么忙，就去书店。两人约好时间，大约三个小时以后，江泽菲去书店找顾诵芬，一起回来。

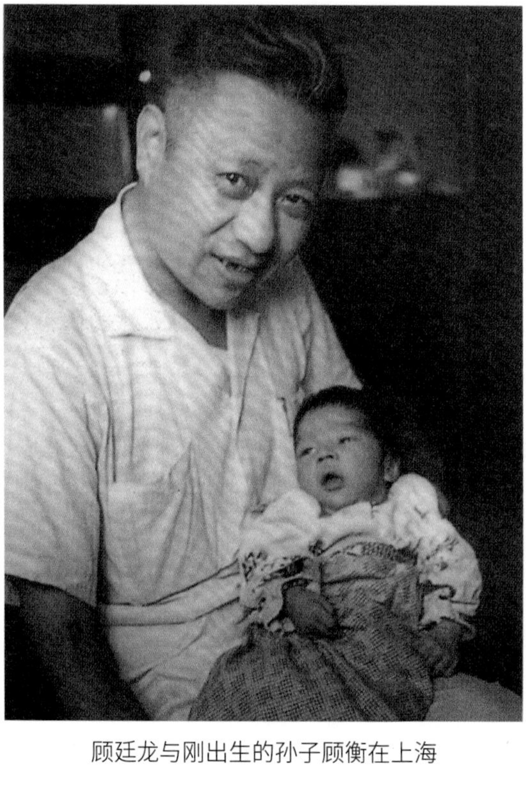
顾廷龙与刚出生的孙子顾衡在上海

结婚次年，他们有了儿子顾衡，他是在上海出生的。由于江泽菲与顾诵芬都忙于工作，所以两人商议，将孩子留在上海老人家中。江泽菲与儿子分别时依依惜别、难舍难分的心境与顾诵芬父母当年送顾诵芬到沈阳时何其相似。

顾诵芬想坚持两人原来的约定，不把儿子带到自己身边，因为他考虑到自己工作十分忙碌，没空带孩子。江泽菲想到自己医院实行的是 24 小时住院医师制，即便晚上休息，也要保证随叫随到；她也想到自己单位那些初为人母的同事，在处理工作与哺乳、照护婴儿之间关系时的艰难；她更知道自己的丈夫对工作的投入和付出的一切，即便他不这么说，也一定难有时间和精力帮助自己。

结婚以后，直到 1966 年，他们才把儿子顾衡从上海接回沈阳，小两口都不在家里做饭。顾诵芬买了一个当时街上卖冰棍用的保温桶，星期天，所里食堂开两顿饭，他早上打饭回来，放进保温桶里，到中午拿出来吃，下午再去打饭回来，放进去，留到晚上吃。

改革开放后，江泽菲获得公派出国挪威的资格。本来是两年的时间，她只待了一年零五个月就提前回来了。在此期间，顾诵芬的生活愈发简单。601 所原总体室副主任、研究员刘孟诏就记得顾总的一日三餐很简单。

干歼 –8 Ⅱ飞机时，江大夫出国在外，顾总要我帮他在八一仓库买压缩饼干和军用罐头等食品。

有一次，部里歼 –8 办的郭处长来我所，我们问他吃早饭了吗？他说：“在顾总家里吃了。”当时，我们感到挺好奇，就问：“顾总给你吃什么了？”他说：“压缩饼干加白开水。”怪不得那时顾总的压缩饼干买了一箱又一箱。原来为了节约时间，他把压缩饼干当饭吃。

也就在那个时期，有一天晚上，我给顾总送技术报告去，都快 8 点了，顾总还没吃晚饭，正在煮面条呢。而在他家的一张床上还摆着一排挂面。可见，顾总对吃就是这样简单。

至亲罹难、慈母远行

顾诵芬授衔

新歼诞生前，领导者离世

对于当时米格-21的主要任务——打U-2侦察机，在中央电视台军事频道访谈节目中，作为嘉宾的原空军副司令员林虎曾说了几段关于米格-21的事：发射导弹往往就是距离过头了，好几次都没成功。“最大问题是看不见。在空中人肉眼只能看6千米，必须要有雷达才行。再就是留空时间太短，到升限高度以后，理论留空时间是3分钟，但实际留空时间只有一分半钟。所以 11 航校[1] 打 U–2，从某机场起飞，执行完任务就得找就近的机场降落。”

1964 年夏，恰逢仿米格–21 的歼 –7 仿制成功之时，顾诵芬从气动组工程师的岗位升任一所副总设计师。此前，当年的 1 月 5 日，六院颁布了国防部授衔命令，顾诵芬被授予中国人民解放军少校军衔。

事实上，上一年的 10 月 9 日，六院《呈请徐舜寿等三十七名同志授衔晋级定级》的报告，对六院原七级以上共计 37 名工程师进行评议后，提出拟授上校军衔者 7 名，中校军衔者 6 名，少校军衔者 14 名；名单中一所徐舜寿为上校，黄志千为中校，叶正大、沈尔康为少校。

这个名单中还没有顾诵芬的名字。从报告中“原七级以上”的说法，可以看到当时授衔是针对七级以上工程师进行的，而当时顾诵芬还是技术八级。六院和一所的领导在呈报徐舜寿等人的授衔报告的同时，批准将顾诵芬的技术等级由八级提为七级；紧接着，上报并收到了授予他少校军衔的批准。从年龄、资历、职务等各方面看，显然这是对顾诵芬一次破格、破例的决定。

到了 1964 年 10 月，601 所召开“米格–21 飞机改进、改型预备会议”，唐延杰院长主持了会议，做了讲话：“我们主张衔接，即仿制工作进行到一定程度，就开始自行设计。……现在应该把重点转移到自行设计上去了。……从形势来看，由摸透转到自行设计也是必要的。”601 所歼–8 飞机研制史写道：“唐院长的讲话吹响了新机研制的进军号，调动千军万马全面开展新机研制工作。高空、高速的新歼——歼–8 飞机由此开始研制。”

---

1 11 航校即空军第十一航空学校（空军战斗飞行学校）。

然而，“出师未捷身先死，长使英雄泪满襟”。1965年5月23日，《人民日报》刊登了一条对空难事件的报道，开头如下：

> 新华社开罗二十日电 属于巴基斯坦国际航空公司的一架飞机，二十日清晨在开罗国际机场降落前两分钟坠毁。
>
> 据悉，这架飞机载有一百一十五名乘客，除六名巴基斯坦机务人员和乘客被救出来外，其余乘客全部不幸遇难。在遇难的人中，有七名中国乘客，他们是从上海乘这架飞机前往巴黎的。
>
> 七名不幸遇难的中国人员是：参加巴黎国际博览会外贸小组人员张学礼、李裕丰、俞明康、徐福根、吴汝侦和杨景惠以及中国技术进口公司考察订货小组工程师黄刚等同志。

其实，这里的中国技术进口公司考察订货小组工程师黄刚，就是时任601所总设计师黄志千。他还有一个身份——第三届全国人民代表大会代表。为了不暴露这个身份，他化名“黄刚”。因为更改姓名、身份以及政审等诸多原因，他的审批手续比考察订货小组的其他成员复杂，所以行程延误，没有赶上与考察组同行，而是与外贸部参加巴黎国际博览会的人员一起，计划从北京出发，途经上海、卡拉奇、开罗到巴黎。

那一年，黄志千仅51岁。

其实当时黄志千自己是不愿意出国的。那时歼-8飞机的设计刚刚全面铺开，他很想为自行设计多做贡献。可是部里从全局考虑，要为630所购置一套比较先进的空测系统，需要懂飞机全局而又有外事经验的同志，所以决定还是派他去。黄志千临行前说，为了整个航空事业，只能服从这个全局考虑。

可以说，歼–8研制初期，徐舜寿被调往外所与黄志千的牺牲，使歼–8飞机刚迈出第一步就遇到了劫难。最终，由王南寿牵头，拥有蒋成英、顾诵芬、冯钟越、胡除生等成员的技术办公室临危受命，接过了黄志千的重担。每周六晚，由时任副所长叶正大主持技术办公室会议，研究解决关键问题。

事实上，遗憾没能见证歼–8诞生的还有贺总。1965年7月26日，贺龙元帅再次来到沈阳视察。“歼–8飞机的研制备受将帅们的亲切关怀和支持。1965年8月14日，时任国务院副总理兼国防工委主任贺龙元帅在沈阳接见了一、二所的领导，听取了歼 –8、歼 –9 设计方案和对F–4B残骸分析研究工作的汇报。他对歼–8研制非常支持，曾多次表示：‘歼–8我同意。’并说，‘歼–8要早日搞出来，成功后要大大庆祝一番，我要来’。” 一所所长刘鸿志的回忆录中这样记述道。

而令刘鸿志、顾诵芬等人扼腕叹息的是，这次接见后不到一年，贺龙便在“文革”中受到“四人帮”冲击。1969年6月9日，他含恨离开了人世。贺龙逝世后不到一个月，歼–8首飞成功。

歼-8分两步起步，母亲病逝故乡

新机的战术技术指标经时任中央军委常委、解放军总参谋长罗瑞卿批准后，在确定装两台815甲（“双发”）的前提下，进一步展开总体方案的论证工作。首先要确定的问题是气动布局。其中最突出的，是究竟采用什么样的进气方案。

对于两种进气方案的技术工作已经做了半年，搞进气道专业的同志认为，将来要装大雷达，坚决要搞两侧进气；从机载设备安装和使用维护的角度，也希望采用两侧进气。顾诵芬当时负责气动力全面工作，主张还是采用机头进气，主要是考虑到两侧进气将影响飞机性能：一是进气效率会下降，零升阻力可能增加 20%，弄不好性能还不如歼–7；二是炮口在进气道前，打炮可能使发动机停车。当时没有防停车的措施，而要验证这点，还没有条件，加上研制周期又制订得比较紧，因此他不赞成在歼–8 上用两侧进气。

当时，上级对歼 –8 还有一个要求，就是“初战必胜”。做出来性能必须要好，所以阻力不能大了，如果搞出来还不如歼–7，那就不好交代了。许多年后，顾诵芬也坦言：“后来的实践证实了我们在两侧进气方面的技术储备确实不足。”不过，这为此后歼–8 Ⅱ两侧进气的顺利改型埋下了伏笔。

还有一件悬而未决的事。在歼–8 雷达方案的选用上，原来设计选用的是 204 雷达。204 雷达原由 607 所设计，但做不出来。于是，1966 年他们下决心，将歼–8 分成两种型别，“因为等不及雷达，所以分两步走”，他们先搞了一个白天型的；到 1978 年以后，204 雷达靠 780 厂（四川长虹厂）做出来了，可以装了，又搞了全天候型的，即歼–8 Ⅰ。

作为一所副总设计师、技术办公室成员，顾诵芬骑着只有一边车把手的自行车，在现场与设计工作队的同志们一起研究、解决研制、设计和生产中的技术问题。“文革”中，一所的人们看到的是顾诵芬对政治运动不狂热、不张扬，看到的是由于他不是运动重点对象，所以较少受到运动冲击，而实际上，顾诵芬内心承受着来自多方面的巨大压力。

《顾廷龙年谱》记载，在这一特殊时期，顾廷龙受到冲击，被迫停止工作、靠边审查；夫人潘承圭卧病在床，目睹骚乱，因病情恶化而于1967年离世。

顾夫人江泽菲回忆起婆婆时，十分动情地说："老顾在北京给家里写信，很快就接到了公公的电报，婆婆在一个月前去世了。当时公公给沈阳打了电报，但没有接着。所以，我们没有能够与婆婆见最后一面。老顾对母亲去世一直感到内疚。"

的确如此，一次面对来访者，顾诵芬回忆起双亲，深情中流露出几分自责：

大学毕业后，本来学校想要我留校当助教，新中国初创航空工业，

20世纪80年代顾廷龙在上海图书馆

一道命令让所有毕业生到北京集中。母亲舍不得我走，父亲却支持我去。后来分配到沈阳，设计国产歼-8 歼击机，一干就是 30 年。我是独子，多年在外，没有尽到孝心。

地上有武斗，空中有“缠斗”

“文革”期间当过搬运工

20 世纪 60 年代初期，我国的航空科研事业从零开始，滑向了充满希望的起飞线。顾诵芬作为副总设计师，和他的战友们共同受命设计我国自己的歼击机，开始了中国航空历史上新的探索。然而，一场史无前例的“文化大革命”使顾诵芬的心灵受到了一次巨大的创伤，他这个技术尖子被视为“白专”典型。

601 所原工会主席、曾任党委宣传部部长的徐德起在由他负责组织编写的一篇先进事迹材料中，对这一时期的顾诵芬有着这样的记述：

一张张大字报铺天盖地而来，他靠边站了，被办班审查。但顾诵芬想只要不离开心爱的设计工作就行，你批你的，我干我的。他深信一片赤子之心一定会得到党和人民的理解的。然而新的灾难又接踵而至，由于一次试验失败，造反派上纲上线，指控有人在设计中搞破坏。顾诵芬被叫到办公室用“坦白从宽，抗拒从严”的标语围了起来，专政队长阴沉着脸对他说：“你的问题很复杂，很严重，这个院落不是你待的地方，以后不能在这工作了。”

这几句话犹如晴天霹雳，顾诵芬简直不敢相信自己的耳朵，他的全部心血都凝聚在歼击机的设计上了，让他离开歼击机绝不亚于夺去他的生命，但他知道，自己的命运并不掌握在自己手里。徐德起如实记录着：

他痛苦，而更多的是思索，在分析着试飞失败的原因。他写出了一份特殊的长篇“交代”，针对试飞中可能出现的问题，提出 14 个重要的技术关键，详细地列上了解决的办法。在那魑魅横行、是非颠倒的年代里，怯懦者沉沦，坚强者奋起，顾诵芬忍辱负重，以对党的忠诚之心，用不同凡响的行动向人民交出了优秀的答卷。

1963 年 9 月，以优异成绩从哈军工毕业的李明被分配到 601 所，很快就成为所里的技术尖子。“文革”中他除了与顾诵芬在业务上有联系外，还有过一段共同的特殊经历。他回忆道：

“文化大革命”时我跟顾总都给整到服务社当搬运工。那时候军宣队刚走，工宣队从沈飞来了一个书记、一个所长，“左”得很。知识分子劳动要改造，农场每年都要插秧、割稻子。他们认为还要接受工农兵再教育，越是尖子越要劳动，我们除了挖防空洞这些，其他劳动也很多，尽管那个时候忙歼-8首飞，但一闲下来就去劳动。

他们俩在服务社当搬运工，哪天有车去拉大米，他俩就跟着去装卸大米，有时候扛面。小伙子能扛一点，顾诵芬比李明大几岁，也扛，都是加一袋再来一袋。李明说："顾总，两袋够了。"就这样，他们干了好几个月。农村生产队每天都用马车拉着装满菜的大筐子送到菜站。生产队把菜卖给国家，国家再把菜分配给各个单位。他们每天到601所服务社等着，人家说"这一马车给你们"，他们就把菜扛上车，再用车拉回来。

翻到1966年的那些日子，《顾廷龙年谱》记载着："十月，先生处境日艰、压力日甚，顾衡时年三岁，不得不被送回沈阳交还诵芬。"江泽菲回忆道：

孩子接回来了，但我难得有时间照顾，第二天就送到了托儿所。那时执行"把医疗卫生工作的重点放到农村去"的"6·26"指示，医院每年都有很长一段时间下乡巡回医疗，这时的顾衡就只能由老顾（顾诵芬）带。我每次下乡都要对他讲，在我下乡离开的时间里，他不要到外地出差，每次老顾都答应得很好。但我回来，儿子告状，说妈妈第一天走，爸爸第二天就出差了。

1967年3月，江泽菲从农村回沈阳休假，就10天时间，回家看到儿子在托儿所里手指甲被压脱落，"老顾"居然都不知道。那年因为沈阳流感盛行，托儿所放假一个月，不让把孩子送去。10天的假很快就过去，江泽菲又要下乡了，儿子不愿意妈妈离去，举着小手对她说："我的手指甲长不出来了。"孩子虽小，但很聪明，他知道什么是最让妈妈心疼的。

这样的生活环境终究不是办法，无奈之下，只有把孩子送到北京的大姨家。江泽菲回忆道：

1967年七八月份，沈阳武斗很厉害，为了孩子和老人的安全，王南寿、冯钟越和老顾各推一辆自行车，王南寿和冯钟越推着各自的两个孩子，老顾推的一个是顾衡，还有一个是大姐的小女儿黄鸿。姐夫牺牲后，组织上将大姐调到了北京；离开沈阳的时候，因为小女儿长期被寄放在一个老大娘家，怕孩子到北京不适应，就没有带过去。这次他们三个人将六个孩子，还有三个老人——王南寿的老伴、冯钟越的岳母和带黄志千小女儿的老大娘一起送到沈阳车站，让他们到北京躲一躲。

后来，"老顾"让江泽菲也到了北京。没几天，他也去了。因为沈阳没法工作，他们总师办公室几个人商量，想到陕西阎良去接着干。结果阎良也在武斗，他们就滞留在北京了。

"歼-8快要完蛋了！"

在这种严酷的形势下，广大科技人员、工人、干部仍坚守岗位，甚至冒着危险，坚持上下班。无论从住地到厂区，或是从塔湾一所大院到工厂所在地三台子上班的同志，常会在骑车行进途中遭遇突发状况，不得不弃车就地卧倒，过后再继续赶路。听起来像天方夜谭，可当时情况的确如此。广大工人、干部、科技人员就是这样顽强坚持在歼－8研制的第一线，为歼－8研制做出了突出贡献。

在刘鸿志的回忆录中，对这一时期的歼-8研制工作有这样的记述。而从厚厚的一本歼-8飞机研制回忆录中，也可以体味到当年研制工作的艰辛。时任歼-8试飞领导小组办公室和三机部、六院歼-8联合指挥部办公室负责人高仲云在《艰难曲折的历程——我对歼-8飞机研制工作的几点回忆》中记述道：

每当遇到问题，我们与困难搏斗时，总会有人吹来阵阵冷风，妄想把歼－8飞机扼杀在摇篮里。在歼－8没有上天前有人说：歼－8是黑线上的，必将随着“二月逆流”的垮台而垮台！有些不明真相的人也推波助澜地说：“歼－8飞起来就得摔掉！”“歼－8快要完蛋了！”“歼－8已经不干了！”……甚至三机部军管会的一位领导也说：“歼－8飞机简直像一个刺猬，拿也不是，丢也不是；就像推到半山腰的轱辘车，推也不是，放也不是！”简直把歼－8飞机说得一无是处。

这部回忆录还记载着1967年七八月份武斗高潮时，“当时601所的顾诵芬和一些搞气动的同志，特别是顾诵芬同志还在‘学习班’接受批评，但他却不计较个人恩怨，夜以继日地查找资料”。“就是在‘文化大革命’期间，有的同志蒙冤挨批被斗也从不计较个人恩怨，甚至不顾个人安危，典型的代表就是原 601 所所长兼总设计师（也是歼–8 Ⅰ、Ⅱ型总设计师）顾诵芬，他对我们试飞给予了极大的帮助和鼓舞。”

顾诵芬和 601 所的设计团队面临着比先前更为严峻的考验。比如摸透米格–21 的时候，风洞试验的结果与资料给出的数据是有差别的，还有水平尾翼（以下简称“平尾”）效率之差。风洞试验结果要低一些，大约差 30%。所以，顾诵芬他们在设计歼–8 时还是采取在风洞试验结果上增加 30% 的做法。当时组织了几个所的人来审查，看 601 所做的事对不对。这个平尾效率问题被审查者抓住了，理由是设计依据不足，非要顾诵芬他们把这个问题说清楚。顾诵芬解释说可能是由于喷流的影响，但没有做试验。对方问：为什么没有做试验？他们回答说，因为工作量很大，也没有有把握的条件，所以没想再做。谁知，这在“文革”中成了一大罪状。

1967 年 8 月，空军派了审查小组来审查歼–8 飞机的设计试验情况。组长是六航校的机务主任高仲云，他在交大时与顾诵芬同届，但没毕业就参军了。他是一个陕西人，非常纯朴。刚来的时候，他听别人说歼–8 乱七八糟，但审查下来，他站到了设计团队这一边，帮顾诵芬他们说话。试飞的时候，高仲云一直跟着，顾诵芬与空军的联系就靠他。当时试飞是空军管的，112 厂军管会也是空军派出的。高仲云作为军人，后来成了歼–8 现场的最高领导，对歼–8 的成功，起到了不可磨灭的作用。

顾诵芬记住了，逆境中是高仲云支持了他和他的团队。当时正处在“清队”过程中，601 所的技术领导全部靠边站或被隔离审查，歼–8 处于无人管的状态。601 所军管会的领导只抓运动，根本不懂科研，也不抓生产。在这种形势下，高仲云利用他的军人身份和时任空军副司令员常乾坤的委托，挑起了歼-8研制的重担，和广大设计员一起干，甚至自己带着人去辅机厂催成品。时任空军副司令员、航空军工产品定型委员会主任曹里怀能为歼-8上天拍板，高仲云也起了很大的作用。

在顾诵芬眼中，在歼-8研制过程中，高仲云的所作所为是设计和使用部门结合的好典范。高仲云不仅在歼-8研制处于真空阶段时参与了领导，更重要的是他把长期从事飞机维修的经验介绍到歼-8研制工作中来。“他对歼-8的贡献也是我们应当永远铭记的。”

飞还是不飞，他在人群中掐秒表

1968年6—7月，歼-8试验机01、02架相继总装完毕，众人终于在不到3年的时间内成功地试制出零批次歼-8飞机，在我国自行设计制造歼击机的道路上迈出了可喜的一步。

其实，顾诵芬已经有过歼教-1试飞的经验，对于歼-8试飞工作很早就开始了准备：一是找飞行员，二是找场地。沈阳到底能不能飞？112厂当时将原有的跑道加长400米，总长度可达3 400米。

顾诵芬他们发现，来的两位飞行员是尹玉焕和鹿鸣东，以尹玉焕为主，鹿鸣东为辅。顾诵芬给他们两位讲了一个多星期的课，还陪他们去哈尔滨看了吹风试验。

曹副司令员带着11航校的副校长一起来，副校长是不赞成飞的。在讨论时，曹副司令员听了顾诵芬他们的介绍，认为能飞。几位与曹副司令员一起来的空军干事都劝他，说不能飞，特别是从 11 航校来的秘书，态度坚决。曹副司令员火了，说：“我来当家，还是你们当家？”

试飞前还有一个细节。原任六院科技部发动机处助理员，后任中国航空系统工程研究所（620 所）工程系统室主任的张清华回忆道：

> 虽然曹里怀副司令员等做了大量工作，对歼-8 存在的技术问题做了认真分析并采取了必要的措施，但对平尾失速的问题总还觉得不放心，曹副司令员就在试飞前半小时又找我，要我把 601 所负责歼-8 气动的同志请来，再把平尾的气动问题汇报一下。

张清华在 601 所观看试飞的技术队伍中把顾诵芬请来。顾诵芬说：“开始我们按苏联气动研究院的资料介绍，平尾设计的位置还稍高一些，但经过吹风，在迎角 7 度至 8 度时，有不安定现象，所以就慢慢往下放，一直放到现在的位置，消除了大迎角不安定现象，并先后在哈军工的小风洞和大风洞做了试验，发现在大迎角时稳定性也没有问题。美国 F-8、A-3 飞机都是这种形式，不会有不安定问题。在高空高速肯定是安定的，只是放襟翼时，操纵舵面要大一些。”经过这一番解释，曹副司令员等对平尾的问题就放心了。

1969 年 7 月 5 日，我国自行研制的第一架高空高速歼击机在沈阳首飞。9 时 38 分，根据曹里怀的放飞命令，首飞指挥员苏国华下令起飞，两颗绿色信号弹凌空而起。在指挥车上观看首飞的空一军军长、曾在朝鲜战场上击落美军“王牌飞行员”的空军英雄张积慧连声称赞：“一所了不起，飞起来啦！”

601所宣传部原部长冯广来在一篇文章中记录了我国第一架高空高速歼击机首飞的情景，并称之为“历史丰碑”：

飞机在3 000米高空盘旋三圈，并两次低空通过跑道上空后，开始降落。人们屏住呼吸，双眼紧盯着徐徐下降的飞机。……

前来观看首飞的沈阳部队司令员陈锡联兴奋地说：“我们打了几十年仗，都是别人的飞机打我们；今后打仗，就要用我们的飞机打敌人！”

曹里怀副司令员更是异常高兴，激动地说：“快向北京发电，向毛主席报喜！”几天后，北京来电：毛主席见了歼-8飞机上天的报告后很高兴，并要看歼-8飞机模型。112厂连夜赶制了有机玻璃包装盒，把歼-8飞机模型送到了北京。

歼-8白天型（资料照片）

这一天，在试飞机场上屏声静气注视着跑道一端歼–8的人群中，顾诵芬手掐秒表，准备测算歼–8的滑行时间。飞机飞起来了，秒表测得的数据与理论计算完全相符。20分钟后，歼–8返航了，首次试飞成功！

当时一些人去赴“庆功宴”了，顾诵芬却悄悄离开人群，去思索下一步的试飞方案。首飞成功，大家当然很高兴，但顾诵芬的思绪已经转向了新的问题：“以后飞了五六个起落，到要增速时遇到了振动的问题怎么办？”

歼-8的“裙子”穿还是脱？

给歼-8“穿裙子”防抖振

首飞成功对于飞机研制的飞行试验只是一个开始。在之后的飞行试验中，飞机速度达到马赫数0.86（接近声速）时，飞机产生了强烈的跨声速振动。601所原28室研究员许开明详细地记述了当时的抖振现象：据飞行员反映，抖振最严重的时间是通过声障前后，飞机仪表板上的许多仪表，如高度表、速度表（当时都是膜盒仪表）、发动机转速表等，它们的指针晃动得十分厉害，几乎是模糊一片，看不清具体读数。

歼–8飞机于1969年7月26日首飞以后，8月初出现了抖振。飞行员说，就和坐着一辆破公共汽车在不平的马路上跑的感觉一样，颠得太厉害。分析原因时，搞机务的有一些经验，认为是螺钉松动或包皮没拧紧引起的。搞仪器的则担心过载表有问题，还拿着过载表骑着摩托车在跑道上试，看振动能超出范围多少。折腾了一个来月，用了多种方法都没能解决问题。

一些早就想让歼-8飞机下马的人却幸灾乐祸，他们在北京放出论调："'大天鹅'式的歼-8飞机，我看就是太软、太细，这算什么战斗机！""超声速的飞机只能亚声速飞行，这算什么设计！""我们不能拿飞行员的生命当儿戏，歼-8不能继续试飞，应立即停下来！"……

姜作范是现场的工作人员之一，他深知顾诵芬为解决抖振花费了极大的心血和精力，记住了当时的每一个细节：

> 在新机试飞排故过程中，为了摸清歼-8飞机纵向振动的原因，他（顾诵芬）抓住发动机地面试车的机会，观察后机身流场：开车过程中，他站在后机身附近亲手移动毛条支杆，置毛条于后机身不同位置，对发动机在不同工作状态下，后机身内、外流的干扰、流场有了直观的印象；在高速风洞模型试验上动脑筋，亲自制定高速尾喷流模型风洞测力、测压试验。

曾任601所副总设计师、歼-8副总设计师的钟敏昭，当时以科技处副处长兼歼-8跟产队副队长的身份主管歼-8试制工作。他回忆说："飞机无法达到超声速，成为前进路上的一只拦路虎。开始摸不清振动的原因。……顾诵芬副总师虽然还未复职，但亲自参加高速风洞的模型油流试验。通过反复试飞与地面共振试验等，顾诵芬终于查清了这一振动属于扰流抖振。"

在这关键时刻，试飞员鹿鸣东坚定地说：“我相信，601 所的同志既然能设计出歼-8 飞机，也一定能排除这前进过程中的障碍！”“我将竭尽全力进行试飞，协助他们排除这一故障。”601 所有关专业人员立即行动起来，组织攻关组，认真仔细地分析、查找原因，研究解决问题的办法。

经过 601 所、606 所与 112 厂的共同努力，他们很快加工出机尾罩，在其外圈加环形整流罩，而且加长了尾锥，大家戏谑地称其为“穿裙子”。

顾诵芬在为 601 所编写的歼-8 飞机研制回忆录中描述了为加工这条“裙子”所做出的努力：“当时由机动科副科长王凤贵同志及马师傅带几个小师傅一起干。设计室的程映雪和冯家斌同志趴在层板上画模线，陪着王凤贵同志和马师傅加班加点，不到一个月的时间就铆好了。”

顾诵芬（右）与歼-8 试飞员鹿鸣东

606所的蒋一鹤回忆道：

顾诵芬同志听说606所的攻关小组要来后，主动找606所用橡皮泥捏出尾罩形状，并用刀切出剖面进行讲解，才使我们对空间曲线有一个直观的概念。顾诵芬怕工人看不懂空间曲线图，还到606所机械加工车间机床旁边指点工人加工。

加工模型的一位老工人感叹地说：“你们怎么能是资产阶级知识分子呢？你们不就是为了要歼–8机早点飞超声速吗？”

一波未平，一波又起：脱掉“裙子”

试飞员鹿鸣东对科研的积极性是很高的。他有一句名言：“我们是试飞员，生死的问题对我们来说，早已经解决了。你们就大胆试，需要我怎么飞，我都能飞。”这番话让大家都非常感动。而后来采取的一系列措施，实际也都是鹿鸣东通过试飞实现的。他的特点正是：每次说好要飞到什么程度，他总要再往上飞一下、冲一冲。

歼–8后机身加罩后，虽然排除了振动，但是阻力也变大了，有一次发动机加力，飞机超过声速时，这个罩突然被撕开，连带着把蒙皮也撕开了，撕开的蒙皮翻起来把平尾的蜂窝段都扎出了孔。飞行员在天上没有感觉，下来后这情况把设计人员吓了一跳。罩子为什么会被撕开？没有人想出原因来。

在《回忆歼–8飞机研制中贯彻两个“三结合”的几件事》一文中，顾诵芬有这样的记述：

可是徐连奎师傅很细心，他发现在尾罩处的铆钉孔里的油渍都向后流，他认为那里有吸力。试车时，他骑在后机身上，手里拿着手绢到处试，后来试到罩口，手绢一下就给吸进罩子夹层里，证实了发动机引射的抽吸作用。而在设计加罩时，我们忽略了罩子受的吸力，没有把罩的蒙皮加强，因此开加力时把罩缘吸裂后又吹散。我们终于找出了破坏原因。

顾诵芬感慨地说："歼-8 飞机正是因为有这些师傅们的精心工作，才能有今天。"后来，这个罩子就被去掉了。由于收缩太快，设计人员考虑在原机尾罩上开吸气的孔。鹿鸣东也认为可以，于是就这样加了个弹簧进气门。马赫数到 0.9 以前，弹簧门打开，靠发动机喷流的引射作用把分离气流拉顺。

就这样，去掉这个罩子以后，鹿鸣东认为振动问题解决了，可以继续飞。但飞到马赫数 1.1 时，振动又出现了，飞机左右晃动，机头摆动很厉害，而减速就不振动了。鹿鸣东下来后跟顾诵芬说了这一情况。

那时管德也恢复了工作，他们一起研究，但真有些一筹莫展。这时，鹿鸣东念了一段毛主席的语录："我们的同志在困难的时候，要看到成绩，要看到光明，要提高我们的勇气。"他丝毫没有责备设计员的意思，反而非常鼓励他们，这给设计员的鼓舞很大。

从 1972 年开始担任歼- 8 飞机总设计师的顾诵芬，对这一时期的回忆少不了这一"遗留问题"：

1974 年，在 11 航校，鹿鸣东曾拉着我说，老顾啊，歼-8 的振动没有完全排除，还应下点功夫！…… 1977 年、1978 年，我已经担任了 601

所的总设计师兼副所长。这样歼-8也得管，我担心遗留问题太多，难以通过定型审查，就想使把劲，把振动等一些问题彻底解决。

当时我看到了欧洲“狂风”战斗机的图片，它在垂尾根部装了一串涡流发生器，很短的。北大西洋公约组织的报告中也有对解决后机身气流分离振动的介绍。那个“裙子”不能装，是否可以用涡流发生器？

与试飞员是生死莫逆之交

拿票买毛线，三乘飞机上天观察

抖振问题怎么解决？既然风洞试验看不出问题，干脆就在飞机上贴毛线条（以下简称“毛条”），在空中观察毛条受气流干扰的情况。

师元光在整理顾诵芬口述自传时认为，在可以见到的航空史上，除莱特兄弟、冯如的时代外，像顾诵芬这样亲自到空中观察飞行试验的飞机总设计师是绝无仅有的。

做这样的试验，601所当时没有条件，连带望远镜头的照相机都没有。原来还有一台比较好的单镜头反光照相机，结果在“文革”的武斗中被弄坏了。而且胶卷也没有，顾诵芬他们的资料室都是买整盘的电影胶卷，把胶片剪开后自己装暗盒用。结果拍出的照片是灰的，看不清楚毛条的情况。当时要用到毛线，但毛线是按票供应的。于是顾诵芬他们想了办法，找了票买毛线。

在已经进行了 12 年的歼-8 研制、设计、试验和试飞过程中，顾诵芬与试飞员鹿鸣东建立起了极其深厚的战斗友谊。

不可否认，歼-8 上天后不久，就遇到了跨声速时抖振、试飞长久过不了声速关、振动问题无法解决的困难。在地面上没有试验条件，空测的数据也不全，排振只能靠飞行员用自己的感官来判断，这也是十分冒险的。

按照飞行员的说法，飞机振得就像破公共汽车一样，在空中这种险境是很有挑战性的。但是，想排振就得靠试飞，每当想一个新招，飞了不成，再换一个招，还想飞飞看的时候，顾诵芬心里总有些发怵，这是叫人家冒生命危险啊！

但有了鹿鸣东“只要有可能排振，我都愿意干”的这句话，顾诵芬决定亲自乘鹿鸣东驾驶的歼教-6 飞机上天，直接观察歼-8 飞机的振动情况。鹿鸣东曾经在一篇回忆文章中写道：

> 在以后的 06 架歼 -8 飞机试飞中，又出现了跨声速时飞机突然侧滑、抬头、振动的现象。后在 S02 架做垂直特技飞行时，侧滑现象更加严重。为彻底解决这一问题，我于 1977 年，用歼教-6 飞机带着顾诵芬同志亲自到空中跟随歼-8，观察并拍摄歼-8 飞机的飞行流线谱。

六院批准，同意顾诵芬乘坐歼教-6 飞机来观察歼-8 飞机上的毛条在飞行中的扰动情况。为了观察清楚毛条的扰动，在两机编队飞行时，要求僚机（歼

教 –6 飞机）必须保持两机的间隔都在 5 米左右，甚至更近。这样的飞行，不仅对飞行员来说很危险，而且对顾诵芬来说也是一种冒险。如果没有足够的胆量和勇气，没有为我国航空事业献身的精神是做不到的。

在一个炎热的夏季，这项试验工作开始了。试飞小组的同志买来红色毛线，并把它剪成 20 到 25 厘米长，粘贴在机尾罩的前后，围绕机身，按毛条长度一排一排地分布在其表面，远远看去飞机似乎穿了一条红裙子。

歼 – 8 飞机在空中分别以一定的马赫数飞行，顾诵芬每次飞行时都聚精会神地观察毛条的扰动情况，每一丝变化都被他记录了下来；飞行后，他又顶着烈日，摸着酷热的机尾罩，认真检查毛条的损坏情况，并且同试飞小组一起讨论分析这次飞行中气流的流动情况。最后顾诵芬把这些情况综合起来，

顾诵芬（后座）乘歼教 -6 飞机准备升空，前排飞行员为鹿鸣东

提出对机尾罩进行针对性的更改，就这样彻底解决了歼 –8 飞机跨声速抖振的问题。

通过试验，顾诵芬终于找到了振动原因：设计的机尾罩在机身纵向收缩角过大，从而造成跨声速不同马赫数下外部气流在机尾罩的不同部位过度膨胀而达到超声速，最终这股气流导致左右平尾的上下表面出现压力波动。这股气流的不稳定和不对称就引起了飞机纵向点头和横侧向晃动。

当时，顾诵芬已是快 50 岁的人了，他不畏艰险，上机带着望远镜、照相机，观察拍摄飞机的动态，这种无私无畏的精神深深感动和教育了所有参加试飞和研制的人员。鹿鸣东当时暗自表示，要更加努力地钻研试飞技术，决心把歼 –8 飞机做出来，就是真的失败了，或者是个人有什么不幸，也要为新机研制和航空工业发展闯出一条路子，做出贡献。

瞒着妻子不吃空勤灶，为试飞员报上特等奖

对于这一超常之举，李天院士回忆道：

在当时没有空测条件的情况下，提出亲自上天观察歼–8 飞机后机身流场的大胆想法，这对年近半百（48 岁），长期从事脑力劳动，缺乏体育锻炼，体质健康状态一般，又从未接受过飞行训练的顾院士来说是有很大风险的。因为乘歼教–6 飞机上天，要同歼–8 飞机保持近距离等速飞行，有时要偏离 4 ～ 5 个 G（重力加速度）的过载系数机动才能保持姿态，4 ～ 5 个 G 的过载系数对普通人来说也是难以忍受的。

但顾诵芬决心已下，先取得试飞员鹿鸣东的支持，然后又说服了领导，瞒着爱人，毅然决定乘歼教-6飞机上天。

第一次上机，顾诵芬是自己骑着他那辆断把的自行车从所里到沈飞试飞站的。第一次空中观察没有完全解决问题，接着又第二次、第三次上天，直至用望远镜仔细观察后，终于发现是后机身机尾罩与平尾后缘根部形成的锐角区造成的气流严重分流所致，该区毛条被气流全部“撕”掉。他提出采用局部整流包皮修形方法，亲自做了整流包皮的修形设计，并与工人一起改装。经试飞证明，此法非常有效，彻底解决了跨声速抖振问题。

特别值得一提的是，由于黄志千总师逝于空难，其夫人江载芬和她的家人有了一个约定——不再乘坐飞机。这并不完全是出于对飞机安全性的不信任，更重要的原因是不能让亲人再承受对往事的哀恸、惊恐和担忧。而这次，顾诵芬要登上的不是大型民用客机，而是风险要大得多的歼击教练机，所以，他必须瞒着妻子，瞒着家中每一个亲人。对此，顾诵芬在事后也说过一句“当时我不敢让江泽菲知道”。

上机前，按照规定要进行身体检查，先由卫生科检查，再让试飞大队的航医检查。卫生科检查后，认为顾诵芬营养还不错。当时决定上天的还有一位负责拍电影的管龙章，医生认为他营养不良，需要加强营养，要他们吃一个月的空勤灶。

当时顾诵芬为了不让江泽菲起疑心，得在家吃饭，晚上的空勤灶就没敢去吃。好在顾诵芬从天上下来以后，身体状况还可以。管龙章反不如他，下来趴在长凳上，好半天才起来。

最后成批生产的歼-8和歼-8Ⅱ都在后机身尾段加装了整流罩，尾锥也被切掉了。对于 2009 年 2 月 17 日去世的歼-8 飞机首席试飞员鹿鸣东，顾诵芬做出了高度评价：“没有鹿鸣东，歼-8 也就完了。后来歼-8 飞机获国家科学技术进步奖特等奖，获奖人中就有鹿鸣东。”

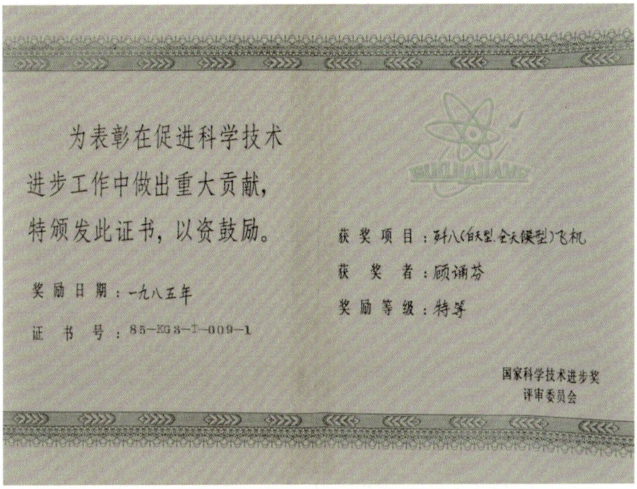

为表彰在促进科学技术进步工作中做出重大贡献，特颁发此证书，以资鼓励。

奖励日期：一九八五年

证书号：85-KG3-T-009-1

获奖项目：歼八（白天型、全天候型）飞机

获奖者：顾诵芬

奖励等级：特等

国家科学技术进步奖评审委员会

国家科学技术进步奖特等奖证书

顺与逆：喝庆功酒，摔脑震荡

21 年后，定型那天，他喝醉了

1980 年 3 月，航空军工产品定型委员会（以下简称“航定委”）批准歼-8 白天型飞机设计定型。1985 年 7 月，歼-8 全天候型也设计定型，前前后后经历了 21 个春秋。21 年前的 1964 年，34 岁的顾诵芬以副总设计师的身份参加到歼–8 项目中，与歼–8 共同经历了大起大落、大悲大喜。

定型一事，也是好事多磨，一直等到了 1979 年年底。最后，航定委的主要成员都来了，有曹里怀，有六院副院长周兆平，有国防科工委前身之一国防工办的副主任叶正大，还有段子俊等。曹里怀主张赶快定型，他一表态，形势大转，在半天之内经过讨论认为没问题，可以定型，挂的就只是 PL3 导弹。

就这样会议一直开到 12 月 31 日晚上 10 点钟才结束。定型会结束以后，也没有什么招待会，大家就在 112 厂二楼食堂一起吃饭。首飞试飞员尹玉焕也来了，他是很能喝酒的，但也喝醉了，醉得不省人事，吐得一塌糊涂。晚上吃完饭要回家了，管行政的副所长赵国士清点人数时，找不到顾诵芬了。原来那时，他正在厕所里吐呢！顾诵芬本不喝酒，但那一天，他用大碗开怀痛饮。这是他在自己的飞机设计生涯中第一次、也是唯一的一次酩酊大醉。顾诵芬曾在歼–8 白天型飞机设计定型大会上诙谐地说："歼– 8 可以说就是这样连滚带爬地定型的。"

1980 年 3 月 2 日上午，国务院、中央军委常规军工产品定型委员会（以下简称"军定委"）在北京南苑机场召开歼– 8 白天型飞机定型会议。会议的第一项议程是由航定委主任、空军副司令员曹里怀向军定委参会的首长介绍歼–8 飞机的情况，然后放映了专题片《歼–8 飞机》，参观了 S04 架歼–8 飞机。

在飞机前，时任国务院副总理兼国防部长的军定委主任徐向前，国务院副总理王震、耿飚，总参谋部总长杨得志、副总长杨勇，总政治部主任韦国清，北京军区司令员李德生等军委首长接见了歼– 8 飞机的试飞员鹿鸣东、滑俊、王昂以及总设计师顾诵芬、飞行指挥员苏国华等代表，并和代表们合影留念。徐向前副总理对大家说：“祝贺你们研制成功！”

接下来，军委首长观看了由王昂驾驶 S05 架歼-8 所做的飞行表演。飞行表演结束后，军定委的全体委员回到候机大楼，审议歼- 8 白天型飞机设计定型相关事项。总参装备部副部长周兆平、三机部副部长段子俊、国防工办副主任叶正大就相关问题做了说明。曹里怀汇报了航定委的定型意见：

航定委一致同意歼-8 白天型飞机设计定型。有了歼-8 飞机就可以对付米格-23 飞机。四机部、三机部都要抓雷达、平视显示器、惯导、电子干扰等设备，这些东西搞上去，飞机就完整了。平视显示器能搞出来就是最大的跃进，要从国外引进新技术。还有发动机也要搞好……

最后，张爱萍副总长做了结论性讲话。刘华清副总长宣读了审批歼- 8 飞机的文件，同意歼- 8 白天型飞机设计定型。定型委员会全体委员一致同意，并在鉴定书上正式签字。

批准歼- 8 白天型飞机设计定型的文件以（80）军定字第 40 号文下发：

鉴于歼八白天型飞机的飞行性能均已达到设计指标，具备了设计定型条件。为能及早转入小批生产，尽快装备部队使用，特批准该型飞机设计定型，并同意命名为歼击 -8 型飞机，简称歼八飞机。

请各研制单位再接再厉，大力协同，加倍努力，抓紧解决电台、发动机、航炮等遗留问题，不断提高产品质量和作战性能，并加速歼八全天候飞机的研制过程，为国防现代化做出新的更大的贡献。

国务院、中央军委常规军工产品定型委员会

一九八〇年三月二日

此后，歼–8研制团队夜以继日，又研制出了全天候升级版。航定委于1985年7月27日批复："航定委同意歼–8全天候型飞机设计定型技术鉴定小组的报告，批准该飞机设计定型，并命名为歼–8 Ⅰ型飞机，简称歼–8 Ⅰ飞机。"

是年10月，经国家科学技术进步奖评审委员会评定核准，歼–8被授予

歼-8列队停机坪

国家科学技术进步奖特等奖。代表获奖者的名单上，写着 7 个人的大名：601 所——顾诵芬、王南寿、叶正大；112 厂——罗时大；606 所——方文富；驻厂试飞队——鹿鸣东；607 所——朱克昕。

为歼 -8 Ⅱ进京汇报前摔成脑震荡

魔高一尺，道高一丈，战鹰之间的空中竞争绝对激烈。

当时中东和越南空战的实践，使空军、海军和航空界的人们对歼击机的战术思想有了很大转变，从强调高空高速的截击机，转变为以突击中、低空和超声速机动性的格斗为主，兼顾对地攻击的战术歼击机。随着航空电子技术的发展，又要求歼击机能够进行目视距离以外的作战，既要安装作用距离远的火控雷达和相应的中距拦射导弹，同时还要有完善的电子对抗设备，即全向告警器、杂波干扰机及消极干扰投放器等，以保护自己。

1979 年 7 月，在顾诵芬组织下，由当时在 601 所工作、后来成为中国工程院院士的杨凤田主笔的《歼–8 飞机与米格–23 空战性能对比分析》一文中写道：歼–8 飞机因采用机头进气，限制了机载雷达的性能，而米格–23 采用两侧进气，其武器火控系统优于歼–8 飞机，这对歼–8 作战不利，也不能满足空军的要求，尚需进一步改进。

1980 年初，歼–8 正式宣布定型后，空军就一直在琢磨后面的歼击机。设计师们希望搞歼–13，但空军犹豫，后提出将歼–8 改为两侧进气、换雷达，主要目标是打 F–4 这类飞机，这样比较快一些。歼–8 的目标是美国的 F–104、F–105，歼–8 Ⅱ的目标是苏联的米格–23、苏–7Б，还有轰炸机等飞机；所以必须改为两侧进气，如此才能有更好的性能，发动机也不能用涡喷–7 甲。

1980 年时，顾诵芬 50 岁，已是“知天命”之年。从 1951 年走出大学校门算起，他在航空工业领域已经工作了 29 年；从 1956 年开始投入飞机设计事业算起，他已经有 24 年的飞机设计工作经历；从 1964 年，以副总设计师的身份参与主持歼– 8 飞机的设计研制、试飞定型算起，他已经有 16 年带领一支庞大的设计团队完成一种高水平歼击机从方案策划到装备使用全过程的历练和经验积累。

就在顾诵芬按照部领导指示，准备前往北京向部党组汇报的当天上午，他因操劳过度，在研讨飞机设计方案时摔倒。中国工程院院士、601 所型号总设计师杨凤田当时就在现场，他回忆道：

> 1980 年 4 月，三机部领导决定开展歼– 8 大改飞机的研制工作，10 日电话通知我所于 4 月 13 日前到京向党组汇报；4 月 11 日，部里又来电话通知，顾诵芬必须参加，顾总决定带我进京汇报。为了抢时间，在顾总和我准备去北京的当天（13 日）上午，顾总在一室进气道组组织有关专业讨论两侧进气道设计方案。由于他连日辛劳，在讨论至上午 10 时 30 分左右时不慎摔伤，伤势很重，昏迷不醒，急送沈阳医大一院抢救，直到晚上 5 时仍在抢救中……

顾诵芬曾这样告诉《解放日报》记者：

> 我当时已经是所里的总设计师，各个情况都得管。那天正领着一队人，

在讨论歼－8Ⅰ怎么改进，来了一个电话。当时办公室是炮校的教室，屋子不小，但摆放比较凌乱，我走得又急，一下子被教室里的黑板架绊住，脸向前摔倒了。当时觉得很难受，自己下意识想站起来，赶紧要去接电话，但站起来以后，就失去了知觉，身体往后一倒，又一次摔倒，头部重重地碰在水泥墙壁上。

50岁的顾诵芬在急救车上不时呕吐，到医院抢救时才终于醒来。杨凤田记述道：

当他醒来时，置自己身体于不顾，用很微弱的声音对我说："我去不了，你一个人去，到北京找老管（指管德副所长）。"他爱人就在旁边，和她一句话都没说，又昏迷过去了。

医院对顾诵芬进行了检查，结论是长时间、超负荷紧张工作造成疲劳过度；由于摔倒，造成了脑震荡。杨凤田回忆道：

组织安排他到空军大连疗养院疗养，为了歼－8大改的事，我又到他那汇报了两次，每次他都不谈他的身体，而是和我专心地讨论战术技术要求和方案，并嘱咐我要把工作抓好，做扎实。

经过国务院、国防工办、三机部机关组织空军、海军、总参谋部以及三机部相关单位多次论证、座谈，1980年5月，空军以（1980）司科字第44号文《关于歼－8 改型主要战术技术指标》报请总参谋部和军委科技装备委员会审批。1980 年 9 月 4 日，总参谋部与国防工办以（80）参装字第 594 号文，正式批复了空军的请示："原则同意所提歼－8 改型（定名歼-8 Ⅱ型）主要战术技术要求。"至此，歼-8 Ⅱ飞机正式立项，被列入三机部科研计划。

1981 年 5 月 18—26 日，三机部在北京主持召开了歼-8 Ⅱ飞机方案论证会（简称"8203 会议"）。时任国防工办副主任邹家华在会议上宣布了国务院国防工办任命顾诵芬为歼-8 Ⅱ型飞机型号总设计师的命令。随后，三机部下发了《国家重点型号总设计师系统和行政指挥系统名单》。三机部副部长何文治担任歼-8 Ⅱ行政总指挥。

顾诵芬在工作中

上天不易，定型更难

短期内共发图近 4 万张

在总指挥何文治、总设计师顾诵芬的带领下，我国航空工业第一次以系统工程方法，组织涉及军方和国务院系统 5 个工业部门，以及中国科学院、院校、厂、所等上百个单位展开型号研制工作。歼-8 Ⅱ的试制任务落在了当时称为“松陵机械公司”的 112 厂［今航空工业沈阳飞机工业（集团）有限公司］头上。1982 年 9 月，上级决定将 601 所副所长管德调入松陵机械公司任第一副经理兼总工程师。

时任 112 厂副总工程师顾元杰回忆：“在歼-8 Ⅱ的研制中我们首次应用了系统工程，取得了显著的成效。”“歼-8 Ⅱ研制周期之短创造了国内的奇迹。……这样短的研制周期，在世界上也是先进的。”“歼-8 Ⅱ研制过程中，厂、所互相帮助，积极配合，关系密切的程度、解决问题的程度，都创造了国内的最高水平，被誉为航空工业部系统厂、所结合的典范。”

然而，巧妇难为无米之炊，顾诵芬他们却总在等米下锅。时任歼-8 Ⅱ副总设计师的陈嵩禄回忆道：

像脉冲多普勒雷达、拦射导弹、平视显示器火控设备等先进设备还处于空白。可以说在制订歼-8 Ⅱ飞机研制方案的时候，上述这些先进设备几乎使飞机总设计师处在“无米下炊”的境地。

那个时代，我国经济仍处于十分困难的时期，歼-8 Ⅱ飞机的研制经费和技改经费有所削减，顾诵芬同志在担任歼-8 Ⅱ飞机总设计师的这段岁月里，不能坐等条件成熟，必须要带领队伍走出路子。这种情况迫使顾诵芬同志要具有较高的智慧和胆量，要花费更多精力来正确处理需要和可能、近期和下一步发展、现实性和先进性的关系。

1981年6月，歼-8 Ⅱ通过了全尺寸木质样机审查，冻结了技术状态，9—10月，全面开展生产图纸设计；1983年3月，发完全部飞机结构图纸；1983年9月—1984年3月，完成01架飞机的部装、总装工作；1984年3月31日，完成02架飞机的总装工作，并交付用于静力试验；4月24日，完成01架飞机发动机的试车。

在顾诵芬的组织下，全所设计工作呈现出一派火热的景象。这两年，设计人员白天紧张工作，晚上加班加点，共发图39 000多张A4纸，提前完成了发图任务。顾诵芬在发图过程中亲临现场指挥，每天碰头研究进展情况，哪里有问题他就出现在哪里，每天干到深夜。星期日不休息是经常的事。

同时，顾诵芬很注重工作效率，对分派下去的工作都限定了时间；由他负责审核的报告，签发的文件都会及早办完。为了按时完成任务，他曾放弃出国考察的机会。1982年，在他的领导下设计制造的歼-8 Ⅱ全尺寸木质样机，得到了国内有关专家和空、海军领导的好评。

徐德起在1984年写的一篇文章中这样评价顾诵芬的工作：

歼-8Ⅱ的研制进度是惊人的，在一年多时间里，完成了所有的地面模拟试验和试飞准备，并进行了评审，于1984年6月12日首飞成功。顾诵芬在歼-8Ⅱ的研制中充分发挥了总设计师系统和行政指挥系统的作用，大家都说："顾总应该立头功。"

又是骑自行车到首飞机场

试飞之前，万事俱备。1984年6月1—3日，歼-8Ⅱ01架飞机提前完成了高、中、低速滑行；6月9日，航空工业部在沈阳召开了歼-8Ⅱ型飞机放飞评审会，时任空军副参谋长姚峻、航空工业部副部长何文治等出席，型号总设计师顾诵芬在会上做了歼-8Ⅱ飞机设计工作报告。经过评审，代表们一致同意放飞。根据评审的要求，何文治、顾诵芬、管德、王昂共同签署了同意放飞的意见。

首飞之日，顾诵芬又是骑着自行车到机场的。歼-8Ⅱ设计团队的骨干刘孟诏回忆道：

歼-8Ⅱ飞机首飞那天（1984年6月12日），我们都早早骑自行车来到沈飞试飞站。突然，部里保卫部的同志问我们："顾总来了吗？"我们说："顾总已经来了，骑自行车。"保卫部的同志惊讶地说："顾总怎么能自己骑自行车来呢！出了事怎么办？所里也不派个车送一下？"

我们告诉他们，顾总就这样，不论是平时上班还是来沈飞开会、办事，经常不向所里要车，自己骑自行车。

1984 年，顾诵芬已经担任松陵机械公司总设计师兼 601 所所长，但他还是那个骑着自行车的、保持着普通技术人员本色的顾诵芬。他外出工作常以自行车为主要交通工具，有时出差回来，也不要车去接，而是乘公共汽车回所。别人问他为什么，他说：“油这么紧张，要车干吗？还是给国家节省点儿能源吧。”

歼–8 Ⅱ首飞这一天终于到来。601 所的《歼 –8 系列飞机研制史》记载着这一难忘的时刻：

6 月 12 日晨，天上多云，人们都为能否于当日实现首飞担心。7 点整，管德、顾诵芬、王昂等有关人员准时到达试飞站。气象台报告能见度只有 2 千米，飞机没法起飞，只好等待天气（好转）。大约 9 点半，气象台报告本场能见度 4 千米，试飞指挥员下令歼教–6 升空看天气。约 10 点钟，试飞员刘刚、彭迪宇驾驶歼教–6 起飞，10 点 20 分两名试飞员报告空中天气情况后，试飞领导小组决定 10 点 30 分所有人员进场，11 点起飞。

11 点，首席试飞员曲学仁进入机舱，开车检查；试飞员报告飞机一切正常，指挥员命令起飞。11 点 14 分，歼–8 Ⅱ型 01 架飞机腾空而起，机场一片欢呼。飞机升至 1 500 米，速度 500 千米 / 小时，试飞员报告飞机、发动机及其他系统工作正常，飞行感觉良好。在飞机完成规定任务后，试飞指挥员命令返场着陆，飞机于 11 点 28 分安全着陆，机场顿时一片欢腾。

那时，中国航空工业集团有限公司科技委原秘书长孙卫航在601所工作，担任歼–8 Ⅱ型飞机跟飞组成员，负责燃油专业，他回忆道：

歼–8 Ⅱ飞机首飞与以往新机试飞不同，飞机是新的，发动机也是新研制的，而且选用的新成品多，大多数新成品与飞机同时起步研制，这在历史上是没有过的。所以，我们跟飞组的人心里都很紧张。

为表彰在歼–8 Ⅱ型飞机研制中的有功单位和个人，航空工业部批准112厂、601所等16个单位荣立集体功，为管德、顾诵芬、肖模何等10名同志记

顾诵芬（右二）与试飞员曲学仁（中）、试飞指挥员王昂（右一）、现场总指挥管德（左一）等在歼-8 Ⅱ试飞现场

一等功，为宁树权、钱家骝等64名同志记二等功，为陈嵩禄等156名同志记三等功，并分别授予金、银、铜质奖章和奖状，颁发了奖金。其中，一等功奖金400元。

可以说，这样一架使用范围广、性能要求高、结构改动大的新机，全部研制过程用了不到4年时间，就提前且一次首飞成功，其速度之快、质量之好，是航空工业新机研制史上的首创。

不愿意他再对别人讲这个小故事

“上天不易，定型更难。”此后召开的试飞工作座谈会上确定：112厂试飞站主要负责歼-8Ⅱ飞机的调整和科研试飞；630所主要承担定型试飞。

前一个是平机头进气，后一个是尖端两侧进气，歼-8和歼-8Ⅱ这对“兄弟”完全是两种不同的战斗机。歼-8Ⅱ飞机与歼-8原型飞机相比，在气动外形、动力装置、武器火控系统等方面都有较大的改变。除做一般的飞行检查外，对其改动部分的性能需重点检查，试飞工作量大，周期短，矛盾突出。

时任航空工业部军机局副局长、三机定型试飞副总指挥马承麟对这次定型试飞有深刻的记忆，那一次实际上是歼-8Ⅱ、歼-7Ⅲ、歼教-7三型飞机同时进行定型试飞。这是一个规模空前、声势浩大的系统工程，从1984年7月到1987年10月14日飞完最后一个架次，历时3年多，整个团队“安全优质地完成了这一被称为中国航空工业20世纪80年代中期‘淮海战役’的定

1984 年，歼 -8 Ⅱ首飞后，顾诵芬（二排右五）与机关、厂所、试飞大队合影留念

型试飞任务”。

630 所和沈飞公司给出的定型试飞结论中写道：

> 四架歼–8 Ⅱ飞机历经三年七个月零九天 812 架次 597 小时 21 分，分别在阎良试飞中心及沈阳飞机公司进行调整试飞、攻关试飞和定型试飞。遵照（84）航定字第 31 号等批准的 8 个定型试飞大纲，现已全部完成了歼–8 Ⅱ型飞机、涡喷 –13A Ⅱ发动机，以及 208 雷达、ZCF–6 交流恒频电源系统、173（8428）大气数据计算系统、KJ–12 自动驾驶仪、HF–7A 和 HF–18 航箭发射器、FYX–800 和 FYX–1400 副油箱的设计定型试飞任务。

这份结论表明，从定型试飞角度看，歼–8 Ⅱ飞机是我国历来测量参数最多、试飞科目最多、试飞考核最严格的飞机。总之，歼-8 Ⅱ型飞机被认为是我国当时在役歼击机中最好的飞机，也是很有发展前途的飞机。

1985 年夏季，601 所跟飞组成员张德奎在阎良试飞基地得到了一个重要信息——空军派葛文墉、蒋德秋、鹿鸣东来阎良试飞基地对正在进行定型试飞的三型飞机（歼-8 Ⅱ、歼-7 Ⅲ、歼教-7）进行验证试飞，其结果将直接向上级机关汇报，不通报研制单位。

张德奎判断，他们这一次验证飞行不仅代表空军，而且代表着更高一级的军方领导机关。他立即向顾诵芬做了汇报。顾诵芬闻讯，立即乘飞机赶到西安。

那一天，顾诵芬乘坐的是一架中央机关到南方检查工作的飞机，没有他的座位，只能在为机组服务人员休息准备的位子上挤一挤。下午 3 点钟起飞的飞机，由于天降大雨，晚点到晚上 11 点钟才在西安机场降落。

当日，时任航空工业部副部长王昂和试飞所领导安排张德奎去接站。待飞机降落，客人都出来了，乘车离去，张德奎看到顾诵芬拎着小公文包最后一个走出来，一条裤腿挽起。他想，这肯定是在遇雨时挽起来的，下飞机时没有想到放下来。

看到张德奎和司机这么晚还在等着接他，顾诵芬连连道谢。当时从西安到阎良没有高速公路，路上要花费较长时间，司机对张德奎惋惜道："今晚电视播出的连续剧《女奴》给耽误了。"张德奎问司机："你喜欢伊佐拉（女主角），还是莱昂休（男主角）？"没等司机回答，坐在后座的顾诵芬捅了捅张德奎："莱昂休是哪个单位的？"张德奎和司机大笑不已。张德奎说，顾总这个人，似乎没有自己的业余时间和文化娱乐生活。他还说，后来顾总不愿意他再对别人讲这个小故事。他在文章中这样写道：

顾总得知（要进行验证试飞）这一情况后立即通知我做好现场的技术保障工作。并于第二天午夜 11 点到达西安，随即参加了三个飞行日任务，但不知飞行结果如何，又不便直接向飞行员索要，于是对我说：你和他们都很熟，想办法将有关数据先给我看，有些不足之处我们好早做准备研究改进措施。

我向鹿鸣东同志说明情况后，他表示和葛组长研究一下再通知我，检查组三人都是飞行歼–8 原型机的骨干，和顾总感情很深，他们深知顾总肩上担子很重，需处理的技术问题总是很多，还亲赴现场了解情况，

1985 年 8 月，顾诵芬（后排右二）与空军检查组在阎良合影

十分难得，一致同意将飞行情况通报给顾总，但发布之前不要向外界透露。

就这样每天晚上 10 点以后，张德奎拿到检查组的资料交给顾诵芬，顾诵芬立即分析、归纳、整理，一干就干到夜里一两点钟。当时天气很热，室内空调又经常坏，大汗淋漓的顾诵芬直接赤膊上阵，连擦汗也顾不上。

这次顾诵芬来西安得到的结论，是歼-8 Ⅱ飞机除水平加速性能外，全面优于歼-8 Ⅰ飞机，大改是成功的。顾总带领有关副总师与发动机设计单位多次协调，最后换装了推力更大的 涡喷-13A Ⅱ发动机，提升了水平加速等性能，顺利地完成飞机设计定型试飞。

追苏赶美，跟跑到并跑

高级轿车装的是吉普车仪表？

专业评价称，歼-8 Ⅱ飞机是我国空、海军在 20 世纪 80 年代唯一能够拿到的性能和作战效能最好的全天候歼击机，中、低空机动性和跨声速性能都比歼-8 飞机要好，兼有一定的对地攻击能力；结合当时的条件，选用了国内研制的新成果以及从国外引进生产的一些先进机载设备，努力实现了较先进

顾诵芬在操纵系统试验室

的现代化水平，是我国改革开放初期首次设计、研制得比较成功的现代化歼击机，也是第一个走出国门，被西方国家和世界首先接触和了解的我国自行设计、研制的歼击机。

谈及当年歼-8 飞机大改，曾担任歼-8 Ⅱ副总设计师的陈嵩禄有着深刻的理解，他认为："歼-8 Ⅱ飞机的设计和研制，带动了我国的航空发动机、航空机械电气系统及与其配套的成品、附件发展，也促进了航空电子设备和航空机载武器发展。歼-8 Ⅱ飞机的生产和使用，为我国歼击机的上游产业和使用部队的更新改造和现代化打下了基础，也为今天我国成功研制一批新一代的歼击机提供了条件。"

值得注意的是，作为"第一个走出国门，被西方国家和世界首先接触和了解的我国自行设计、研制的歼击机"，歼-8 Ⅱ身上不再只有中苏合作的烙印，还加上了中美合作的印痕。

时任中央军委主席邓小平访美后，于 1983 年 11 月 6 日在总参谋部、国防科工委呈国务院、中央军委关于开展中美军事技术合作的请示上批示："要增加改装歼-8 电子火控系统项目"。

1984 年 3 月 31 日—4 月 6 日，在时任美国总统里根访华之前，美国国防部工作组来华，中美双方进行了友好、坦诚的会谈，初步商定了改装歼 –8 的电子火控系统，并参观了还没有试飞的歼–8 Ⅱ原型机。时任中央军委副秘书长张爱萍听取了会谈结果的专题汇报并决定改装歼–8 Ⅱ型飞机的电子火控系统，还向时任国家领导人做了汇报。1984 年 5 月，中方考察组赴美考察。6 月，张爱萍访美。6 月 12 日，里根总统同意将歼–8 Ⅱ型飞机改装的电子设备列入美国的对外军事销售渠道。

顾诵芬当然也参与了这项工作。1984 年初，歼–8 Ⅱ飞机还没上天，但都已经完成总装。这时候，美国来了一组专家，其中有美国空军飞过 F–16 的飞行员、空军系统工程部的人，还有一位美驻华官员。他们一起来考察歼–8 Ⅱ，由顾诵芬介绍歼–8 Ⅱ的概况，然后看飞机。当时正在进行歼–8 Ⅱ的地面试验，F–16 的飞行员看了很高兴，他说："你们的飞机比 F–16 强，很光洁，没有前襟翼，后面没有那么多啰唆的事（指多缝襟翼）。"最后他评价说，"就像是一辆高级轿车，但装的是吉普车的仪表"。他们表示："下一步，我们可以帮助你们改成全新的东西。"

何文治副部长认为应该货比三家，单靠美国不行，他又约了英国的马可尼公司和系统工程公司、法国的达索公司。他们也陆续来介绍改装方案，认为他们有基础，会非常快地为我方解决问题。

所以，中国方面还得招待这四个方面的人，每次都要听他们的意见，他们给的材料都很厚。通过与他们的接触，我们也了解和感受到了现代的、新的航空电子综合应该怎么搞。

彼时，我国航空对美合作项目"八二工程"正式立项，成为 20 世纪 80

年代以来与美国签订的一系列军售合约中数额最大的项目。

当时，科工委主张将歼-8 Ⅱ全盘交给美国改进航电等系统。1985年的赴美考察代表团人数众多，部里的王若松、谢光、何文治，空军参谋长朱绪宝也去了，那时顾诵芬还没有离开601所，也参加了。代表团考察了格鲁曼、麦道、诺斯罗普和波音这四个公司。

确定最后协议时是在美国空军设在莱特的系统司令部专门的保密谈判间里。那里门窗紧闭，谈一两个小时就得出来透透风。美国系统司令，相当于中国管装备的部门领导，是一位中将。谈的过程中对方不断与中方讨价还价。比如，顾诵芬他们要求雷达有频率捷变能力，但那个司令说美国的雷达都没有这个能力。当时，顾诵芬陪谢光主谈，谢光向他确认，顾诵芬说 F-16 的雷达就有这能力，在中东战争中，就靠雷达频率捷变生存。最后，对方妥协了，表示雷达频率可以快速变更，能够适应现在电磁战环境下的作战。

1988年，沈飞公司完成了两架试飞样机的制造。1989年1月，两架试飞样机被移交给美国。1989年6月，美方以我国政治风波为借口，单方面宣布中断合作，强迫中方人员撤出工作现场。后来格鲁曼公司表示可以完成这个项目，但要求中方多支付2亿到3亿美元。在这样的情况下，中方放弃了此计划。

两架飞机并没有立即送还中国，直到1992年老布什总统离任前下令“简单了结”中美原有的防务合作计划，美方才将两架歼-8 Ⅱ和金属模型及一些备件交还中国。顾诵芬认为，现在回过头看，“八二工程”把601所搞电子的技术人员培养出来了。“李明带了一些人，孙聪等都去了，这一批人掌握了航空电子综合方面的技术。”

设计工作量相当于研制一架新歼击机

在普通人眼中，歼-8和歼-8Ⅱ完全是两种飞机。1988年3月11日—15日，航空军工产品定型办公室（以下简称“航定办”）在沈阳组织召开了歼-8Ⅱ型飞机设计定型技术鉴定会。鉴定组最后的意见如下：歼-8Ⅱ型飞机已经具备设计定型条件，建议航定委审议并呈报国务院、中央军委常规军工产品定型委员会批准歼-8Ⅱ型飞机设计定型。

601所于2001年编写的《歼-8Ⅱ型系列飞机研制史》总结道：

> 歼-8Ⅱ型飞机从外表看仅在进气道和腹鳍上与歼-8不同，但飞机内的系统有很大改变，所以重新设计的生产图纸达80%，可以沿用歼-8原型的生产图纸也因国际化的要求重新绘制，导致设计图纸的工作量几乎与新飞机的一样大，由于进气形式改变及外挂武器种类增多，高低速风洞试验也做了1.8万多次。

可以毫不夸张地说，为了保证飞行安全，针对飞机结构、系统及武器等，歼-8Ⅱ做了将近100项重大地面试验。所以，歼-8Ⅱ型飞机虽属改型，但是其设计工作量相当于研制一架新歼击机。

为了突出中低空跨声速机动性，歼-8Ⅱ飞机选用了涡喷-13AⅡ发动机，其静推力比涡喷-7甲提高了10%。为提高副翼效率以提高整机滚转效率，歼-8Ⅱ根据歼-8曾用过增稳系统的经验，决定采用电传操纵差动系统。经过评价和实测，采用差动平尾后，亚声速滚转效率比歼-8提高了45%。

对于顾诵芬，601 所的“所史”这样评价：“型号总设计师顾诵芬，第一个组织和领导了歼-8 Ⅱ型飞机研制的总设计师系统工程。他在进行方案论证时，从需要与可能出发，既考虑了国外飞机的发展情况和米格-23 飞机的布局、性能，又重视了部队对飞机的意见，首先提出并果断决定歼-8 Ⅱ型飞机的大改方案，从而给歼-8 Ⅱ型飞机研制打下了切实可行的基础。从方案论证开始，他组织和领导了编制网络计划、组织型号设计师系统的工作；亲自抓重大技术关键，研究和确定具体的大改方案，如两侧进气的进气道方案、强度计算主要参数和载荷的确定，改善中低空性能，火控系统分步实现，交直流混合供电，关键性成品、材料的选择等，保证了歼-8 Ⅱ型飞机研制工作顺利进行。”

1988 年 3 月 18 日下午，新机设计定型大会在沈阳飞机制造公司文化宫召开。刘华清、曹里怀、李景、林宗棠、谢光、石宝源、莫文祥等领导同志

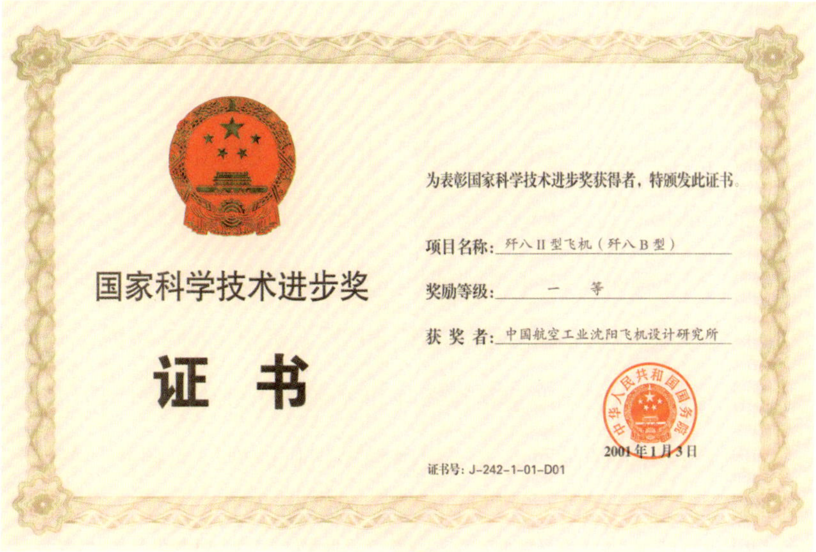

歼-8 Ⅱ飞机的国家科学技术进步奖一等奖证书

出席。时任航定委主任、空军副司令员林虎宣布：同意报请国务院、中央军委常规军工产品定型委员会审批。1988 年 10 月 15 日，国务院、中央军委军工产品定型委员会[1]以（1988）军定字第 21 号文批复——《同意歼–8 Ⅱ型飞机设计定型》。

1990 年，歼–8 Ⅱ飞机获航空工业部科技进步奖一等奖，获奖者有顾诵芬、李明、陈嵩禄、解思适、杨凤田、潘凌阁、吴正勇、黄昌默、骆长天、张权。2000 年，歼–8 Ⅱ飞机获国家科学技术进步奖一等奖。获奖单位有 10 个，获奖人员共 15 名。601 所作为第一受奖单位，有 4 人获奖——顾诵芬、陈嵩禄、解思适、潘凌阁。顾诵芬被列为第一获奖人，当之无愧。

歼-8 Ⅱ的“后代”们

尽管歼–8 Ⅱ型飞机设计定型后，没有投入大批量生产，但它为以后系列飞机的发展提供了一个良好的平台。

2009 年举行国庆 60 周年大阅兵时，由 151 架飞机组成的 12 个空中梯队，以雄伟壮丽的队形通过天安门广场上空。在这长达 9 分 20 秒的中国主要列装战机展示中，第 4 编队是轰油 –6 加油机与歼–8D 战机、轰油–6 加油机与歼–10 战机 2 个三机楔队；第 6 编队则为由歼– 8F 歼击机组成的 4 个四机右梯队。

实际上，歼–8D、歼–8F 都是在歼–8 Ⅱ的基础上发展起来的新型歼击机。2002 年，顾诵芬与朱荣昌合著了《我国军用飞机的发展回顾》一书，其中对

1 原国务院、中央军委常规军工产品定型委员会于 1988 年 6 月 25 日被撤销，同时成立国务院、中央军委军工产品定型委员会，统一领导军工产品的定型工作。

歼 –8 Ⅱ飞机研制进行了回顾和小结：“歼 –8 Ⅱ从立项研制到首飞仅 3 年多，到第一步设计定型也仅 7 年，耗资约 4 亿元人民币，突出了快与省。”

与时俱进，日臻完善。歼–8 Ⅱ在 1988 年定型时虽然没有下视和拦射能力，但是生产一批交部队后，部队对飞机留空时间长和机动性好的特点还是满意的。因此，1989 年军委决定在歼 –8 Ⅱ飞机上实现空中加油，即在歼 –8 Ⅱ机头加装受油探头，从轰– 6 的加油装置上实施空中加油，大大增加了歼–8 Ⅱ的作战半径。

为了实现歼 –8 Ⅱ原定的目标——实施拦射，从 1999 年起，歼 –8 Ⅱ换装试制的 147–1 脉冲多普勒雷达，并装 PL11 雷达半主动导弹。这一切，使歼–8 Ⅱ系列飞机长期成为我国空、海军的主要作战飞机。

时至 1993 年，在引进苏–27 的谈判中，顾诵芬随团去俄罗斯苏霍伊设计局参观，正好厂房外停放有一架苏 –15，他非常仔细地查看了这架飞机，发现当时苏联研制的雷达很重，在着陆时要靠水平尾翼予以平衡，而因下偏角度过大，水平尾翼翼尖的配重会触地，所以水平尾翼翼尖的配重有一个很大的

庆祝新中国首个飞机设计室成立 30 周年合影

上翘角度，以增加阻力。

亲眼看过苏-15后，顾诵芬松了一口气：

总之在气动设计上，歼-8 Ⅱ肯定优于苏-15，绝不是苏-15的翻版。另外，苏-15的机翼面积比我们的要小，机动性肯定也不如歼-8 Ⅱ。对比之后，我也松了口气，觉得我们不比苏联的设计差。

时代天空的设计明星

徐舜寿眼中，他数一数二

2002年12月，顾诵芬、朱荣昌合著的《我国军用飞机的发展回顾》一书由航空工业出版社出版，仅在很小范围内发行。但在前言中，两位作者做了一个自我介绍，其中顾诵芬这样客观描述自己大约半个世纪的军机设计履历：

顾诵芬，1951年毕业于上海交通大学，毕业后就参加了航空工业建设，在航空工业局机关参加了雅克-18和米格-17仿制的计划和管理工作；于1956年10月调至112厂设计室参加我国第一架喷气教练机的气动设计；1961年从112厂设计室转到601所后，先后参加米格-21摸透、歼-8设计和歼-8 Ⅱ的设计；

改革开放后又去过西欧考察航空工业，1991年后参加了对俄航空科技合作。50年来我一直没有脱离飞机设计和研制工作，这在我国航空界老科技人员中是为数不多的，因此，深感有责任把过去的经历很好地记录下来，并加以总结。

这段极简版的个人总结，直接提及的关于601所的设计工作仅3个事项。后两项毋庸赘述，而前一项摸透米格-21实际上可算是歼-8设计的重点“预习”和主要“功课”。

1989年顾诵芬在京参加全国人民代表大会

1963年7月下旬，六院在一所召开了摸透米格-21飞机的技术报告会。顾诵芬宣读了题为“摸透62式机的气动力工作”的论文。

“飞机气动布局设计是飞机设计中非常重要的环节，它根据战术技术要求，确定飞机的空气动力布局，保证所设计的飞机安全飞行且达到预期的性能。“顾诵芬在论文中首先对飞机气动力设计下了一个如上的定义。接着他对气动力设计工作的内容做了总体描述：飞机的气动力设计分为5个专业：飞机性能、飞机安定操纵性、飞机空气动力载荷、飞机进气道、飞机气动弹性。

这是他在完成歼教-1、初教-6等飞机的气动力设计后，对自己从事气动力设计研究的总结，也是站在学科领域制高点进行总体布局的战略思考。“通过这些具体工作，同时也培养自主的设计力量，作好自行设计工作的准备。”[1]

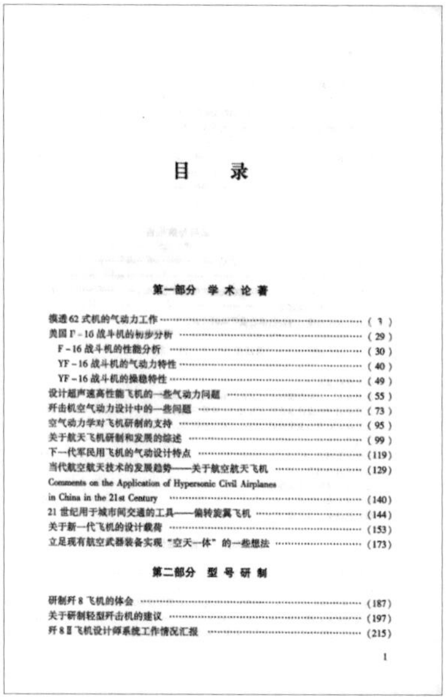
目　录

第一部分　学术论著

第二部分　型号研制

1

“摸透62式机的气动力工作”一文收入了2016年出版的《顾诵芬文集》

至此，顾诵芬完成了在飞机设计领域的又一次升华。只经过短短7年时间，顾诵芬已经与徐舜寿、黄志千等前辈比肩而立，登上了中国航空科技和飞机设计事业的峰顶。他已经不再是按照总设计师意图完成气动力设计研究的出

1　顾诵芬撰写的“摸透62式机的气动力工作”一文。

色的工程技术人员，而是飞机设计领域掌握空气动力学理论并成功应用于工程实践的工程技术专家。他撰写的这篇全面阐述自己对构建中国飞机气动力设计体系的见解，成为中国飞机设计史上极具影响力的第一份在气动设计方面堪称规范和标准的技术文献，也为我国自行设计先进战机奠定了关键的技术基础。

在飞机设计的一代宗师徐舜寿心目中，顾诵芬有着特殊的位置。1966 年 10 月 24 日，在当时比较特殊的时政背景下，徐舜寿在一所期间给夫人宋蜀碧的信上这样写着：

> 有些问题，如“顾诵芬道路问题”，现在看来我是错在ⅰ.提拔快了一点，宣扬他技术好，能钻研时没有同时指明他政治上开展不够，ⅱ.对他本人帮助不够。而由于ⅰ、ⅱ，事实上是等于在全所全院内把他立成了样板。作为副总，顾是够的，[我把一、十两个所的总师、副总师一共八个人，一个个（徐、黄、叶、沈、蒋、王、郑和顾[1]，除蒋你不认识外，余都知道吧）比过，技术上，他是头一、二名的，政治上，也不是最后几名，是中间的，甚至是中间偏上的。]

可见，徐舜寿在将他自己、黄志千等当时仅有的两个飞机设计研究所技术领导放在一起进行比较时，认为顾诵芬“技术上”是“头一、二名的”。

---

1 徐、黄、叶、沈、蒋、王、郑分别为：徐舜寿，时任六院十所副所长兼总设计师；黄志千，时任六院一所总设计师；叶正大，时任六院一所副所长；沈尔康，1943 年毕业于中央大学航空工程系，亦为“两航起义”人员，时任试飞研究所副总工程师；蒋成英，时任六院一所副总设计师；王洪章，时任六院十所副总设计师；郑玉麟，时任六院十所副总设计师。

在给妻子的信中，徐舜寿坦诚地讲出了顾诵芬在他心目中位置。这个出自徐舜寿的说法，应该是当时航空科技界所能给出的最难得也是最客观的评价。

不仅是与技术专家同行，顾诵芬与生产和试飞一线的技术人员、工人师傅、飞行员也打成一片，结下了深厚友谊。正因为他坚持从飞机设计的实际出发，着眼于将空气动力学的理论与飞机研制设计的实际密切结合，他在由钱学森、郭永怀、沈元、陆士嘉、庄逢甘这样的空气动力学、流体力学专家领军的中国空气动力学领域，有着自己特殊而不可替代的位置。

在飞机设计领域，他涉猎之广、研究之深、水平之高，又使得多少业内专家深为叹服。徐舜寿还这样坦陈：

> 对于顾诵芬同志，我是长期地、一贯地在较广的范围内宣传他用功、能看书、会查文献、有分析能力、能解决问题等等。对于他的晋级、评衔等，我历来是主张往高里定，破格提为副总设计师，以及一参军就授少校军衔，认为不这样不足以鼓励钻研业务。

在说过这些话以后不久，徐舜寿（1917 年 8 月 21 日—1968 年 1 月 6 日）走完他半百的人生，而顾诵芬没有辜负这位业内师友的苦心和希冀，终成时代天空下飞机设计群星中闪亮的一颗。

证书等身，李政道祝贺

有人形容科学家是著作等身，顾诵芬可谓证书等身。据考证，顾诵芬获得奖励的记录始见于 1963 年，也就是他 33 岁时。一份职工登记表记载，在 601 所设计组长的岗位上，他“因工作积极，任务完成得好，经所首长批准授予书面嘉奖奖励”。

此后，顾诵芬所获奖励的等级不断跃升：1983 年，获“五一劳动奖章”；1985 年，主持研制的歼-8 获国家科学技术进步奖特等奖；1988 年，获“全国劳动模范”称号；1992 年，获航空航天部“航空金奖”；1995 年，获“何梁何利基金科学与技术进步奖”；2000 年，主持研制的歼-8 Ⅱ飞机获国家科学技术进步奖一等奖……

面对各种奖励与赞扬，顾诵芬经常笑笑，对身边的人说：“我不看那些，你们也别听信，其实很多都是没有必要的。”1985 年 10 月，歼-8 飞机研制团队荣获国家科学技术进步奖特等奖时，代表获奖者的名单上写着：沈阳飞机设计研究所，顾诵芬、王南寿、叶正大等。而在最初沈阳飞机设计研究所上报的申报表中，获奖人员排在第一位的是王南寿，尽管他在 1969 年就已离开歼-8 研制一线，但他对歼-8 的贡献，顾诵芬始终铭记在心。这份申报表被提交到航空工业部，时任科技局局长的王南寿主动向领导建议，认为歼-8 的研制单位是沈阳飞机设计研究所，而且顾诵芬从 1972 年就开始全面主持歼-8 研制，所以应该把顾诵芬放在第一位。

在顾诵芬等老一辈航空人眼中，一个型号的成功，是团队的胜利，是整个航空工业的荣耀。他们从不居功自傲，因为他们知道，自身的价值并不取决于获得多少奖项、拥有多少头衔、身居多高官位。他们的功绩将会被时代所烙印，会被历史所铭记。

“经多实践心方静，看破浮名意自平。”顾诵芬收获着越来越多的荣誉和奖励，社会地位也在不断提升，诸多桂冠和头衔加在了顾诵芬名字的前面，他却保持着冷静和自持。顾诵芬多次推掉名目繁多的担任顾问、名誉主席的邀请，希望把更多的时间拿来学习钻研、看书、看杂志、上网搜集科研方面的信息，或处理与飞机设计、航空科研有关的工作。顾诵芬和1957年担任沈阳410厂发动机设计系主任的吴大观在航空工业集团科技委工作时，有很多次将外单位寄来的评审费、审稿费退回，这已成为他们工作中的常态。

值得一提的是，在顾诵芬获得“航空金奖”后，著名科学家、华人诺贝尔奖得主李政道先生专门给他写信祝贺：“得知您荣获中国航空工业40年最高荣誉奖励——‘航空金奖’，这相当于中国航空工业的诺贝尔奖。”李政道对顾诵芬表示了最热烈的祝贺和最崇高的敬意。他说：“中国正在改革开放的大道上胜利前进，我深信在不久的将来，21世纪初，华人科学家必将领导人类科学新潮流。”

第四章

格局设计：殚精极虑，谋定苍穹

顾诵芬在航空工业科技委办公室

1986年，顾诵芬离开了工作35年的飞机设计岗位，去了北京。回忆起为什么离开601所，他讲得很平常，也很实在：“我干了一段，觉得自己确实干不好，虽然有个常务副所长，但所里职工有什么事都来找我。我们的工人住在外单位的大院里，与人家打了架，也找上我的家门来，要我处理。”在所长的岗位上，顾诵芬是努力的，但他“觉得自己确实干不好”，这也是他的真心话。

北京北苑2号院是航空工业科技委的所在地。住在这个大院的人们经常会看到顾诵芬一大早就从家中走出，目的地是科技委的两层办公楼，两点一线。离开工作了二三十年的601所，顾诵芬在这条白杨夹道的路上又走过了30多年。他还是那样简朴，冬去春来，始终穿着蓝灰色调、普通面料的服装，迈着不疾不徐的步履，带着沉静平和的表情。

在曾任中国航空系统工程研究所（620所）总师、中国航空工业集团公司科技部部长、中国航空学会秘书长的张聚恩看来，“顾总”的职业生涯大致分为两段：前一段是从1951年步入新中国航空事业，到1986年在我国歼

从顾诵芬家到办公室的上班路（徐瑞哲 摄）

击机的摇篮——沈阳工作；后一段则是从调入北京，参与领导中国航空研究院，直至现在。

三十功名尘与土，在前一段生涯中，顾诵芬建立起了我国战斗机气动设计体系，领军研制歼-8系列等多型飞机，创立不朽功勋；而在后一段生涯中，在航空科技发展战略、航空工程项目谋划、推进航空学术进步及国际航空科技合作与交流等领域，他又做出了一系列新的重大贡献。

顾诵芬的人生和事业与中国社会的变革进程同步，与新中国航空工业的崛起奋进同行。人们谈及他的成就与品行，无不钦佩和敬服，都以曾和他一起工作而感到无比荣耀。中国航空工业第一集团公司原党组书记、总经理刘高倬曾说：“作为新中国的航空人，我们为有顾总这样蜚声国内外的航空科学技术方面的科学家、国家顶尖的航空工程技术专家感到自豪和骄傲。”

找回中国人民的老朋友

远景机概念奠基新战机研发

在顾诵芬与航空结缘的人生后半程中，不仅有世人熟知的军民大飞机，还有一些不太为人所知的事，其中就包括远景机概念研究，这对我国新战机的研发起到了奠基作用。

1992 年末，张聚恩自洛阳调到北京，有幸来到顾诵芬身边。他调入原航空系统工程研究所工作（以下简称“系统所”），系统所后与情报所合并组成航空工业发展研究中心。这期间，他直接参与了顾诵芬领导的我国远景战斗机概念研究和多轮方案设计，这也是两人产生直接工作交集的第一个大项目。

彼时，正处于苏联解体、政局突变的历史关头，但两国航空科技合作计划及科学、技术、工艺和材料合作议定书仍在执行，“远景机概念研究”是其中的重要项目之一。中方负责人就是时任中国航空研究院（CAE）副院长的顾诵芬；俄方领导人则是俄罗斯科学院院士、俄罗斯中央空气流体动力研究院（TsAGI）副院长比施根斯，他曾于20世纪50年代参与对华援建，对我国持友好态度，也是顾诵芬的故交好友。

我国的新一代战机研究从那时真正开始。在顾诵芬领导下，以沈阳和成都两所飞机设计研究所为主体，组成研究团队。按计划和分工，团队定期产出研究报告等成果，并向系统所汇集。顾诵芬几乎在每一份报告上都亲笔评注，或在封面上，或在页面间，有肯定，也有质疑，甚至有批评。这一轮研究持续数年，不仅厘清了新机概念，完成了十多种气动方案设计，还评估了技术储备，梳理了必须突破的关键技术，为即将开展的新一代战斗机系统性预先研究进行了知识、技术与人员的准备。

出于该项研究的国际化智囊背景，以及双线并发协同，从后来的歼-20到2021年10月首飞的新一代舰载机等，它们都在相当程度上得益于远景机概念研究。比如，经2个五年计划期的预研，以及8年的型号研制，歼-20终于在2011年实现首飞，并于2016年成功列装。顾诵芬虽未直接领导该型号研制，但他领导的远景机概念研究无疑做出了基础性贡献。

张聚恩认为，顾诵芬在这个项目上的作用堪称“无可替代，砥柱中流”，而俄罗斯的比施根斯院士也因在该项目中以及在推动两国航空科技合作方面的突出贡献，获得中国政府颁发的1996年度国际科技合作奖。

开工业部门战效评估研究之先河

与远景机概念研究项目有关联的，系统所的业务建设方面也持续得到了顾诵芬的具体指导，尤以系统工程建模与仿真技术发展，以及战效定性定量

顾诵芬（左一）等接待俄罗斯中央空气流体动力研究院专家调研

评估方面为突出。

20 世纪 80 年代末，美国开始研发第五代战斗机。国内也开始了新战机和多项新航空装备的概念研究和研发准备。在确定飞机主要技术特征和论证战术技术指标要求时，除了定性分析外，还迫切需要定量分析手段，尤以作战效能分析方法和软件的需求最甚。

就在顾诵芬牵头组织开展我国远景机概念方案研究的过程中，俄罗斯中央空气流体动力研究院专家展示了一种被称为 COMBAT 的一（机）对一（机）空战模拟软件。顾诵芬敏锐地发现了这一软件的价值与发展潜力，指示系统所跟进并进一步了解。1993 年，俄罗斯中央空气流体动力研究院向顾诵芬进一步建议构建包含4个层次的空战效能评估体系，底层为一对一和多对多空战数字模拟，其上层是人在回路的空战模拟（后来发展成为TACTIC软件系统），再上层是半物理仿真，最上层则是真机空战模拟。

顾诵芬在建议的基础上形成了自己的判断，并指示系统所开展相应建设筹划。按照他的具体要求，系统所抓住难得的机遇，先后拥有了COMBAT和TACTIC模拟系统，并在成功引进后，立即组织对其消化吃透，进行汉化和改进，采集与整理技术数据。

当时，苏联时期的航空工业部科技局局长巴特科夫，因对中国十分友好，被中国朋友亲切地称呼为“老巴”。“老巴”与顾诵芬同岁，生于1930年12月28日，于2017年10月17日去世。在得知顾诵芬关注战效分析方法和相关评估工具后，他建议中方派人员到莫斯科航空学院（MAI）学习。莫斯科航空学院107教研室是专门从事军用飞机外部设计和战效分析方法研究的教学与科研机构，其中的老师也几乎都是该领域国家顶尖机构——俄罗斯国家航空系统科学研究院（GosNIIAS）的专业研究人员。鉴于该教研室的重要性，“老巴”长期兼任教研室主任。

过去，107教研室不对外国人开放，在“老巴”和顾诵芬的协同努力下，从1996年开始，我国先后选派3批、6人赴俄学习，经过在莫斯科航空学院107教研室的进修，他们成为我国在该领域的新生优质力量。其中，杨新军就是系统所因战效研究的需要派往莫斯科航空学院学习的第一人，回国后不仅在该领域发挥了重要作用，还受所的委派担任顾诵芬的学术秘书，为其提供技术支持，并做了大量工作。此后，顾诵芬还在北航培养了多名博士，选题也都集中于战效分析。这些活动不仅显著提升了系统论证研究的水平，还为即将全面开展的新机研制做了人才储备。

广结友朋拥有国际学术声望

不止“老巴”，在长期的合作共事中，顾诵芬与国际航空界的诸多大师、大家都结下了深厚情谊。除了曾长期担任苏联航空工业部科技局局长的巴特科夫和俄罗斯中央空气流体动力研究院的比施根斯院士以外，该研究院负责军机研究的苏哈洛夫副院长、负责民机研究的巴甫洛维茨副院长，俄罗斯科学院院士、曾任俄罗斯国家航空系统科学研究院院长的莫斯科航空学院的费多索夫教授、茹拉夫廖夫教授等，都与顾诵芬有着亲密的交往与友谊。

俄罗斯诸多著名航空研究机构和专家学者在得知顾诵芬荣获国家最高科学技术奖的消息后，纷纷发来热情而真挚的贺信，盛赞他的功绩，颂扬两国航空科技工作者的合作，如俄罗斯中央空气流体动力研究院、西伯利亚航空研究院（SibNIA）、莫斯科航空学院、俄罗斯航空制造者协会 (AVIAPROM)、工程数值模拟国际中心（CIMNE）等。其中，2021 年 11 月 8 日，俄罗斯中央空气流体动力研究院现任院长、俄罗斯科学院通讯院士苏帕洛和该研究院首席科学家、俄罗斯科学院院士切尔内绍夫联名发来的贺信内容如下：

尊敬的顾诵芬院士：

请允许我们以 TsAGI 的名义，衷心祝贺您荣获中国 2020 年度国家最高科学技术奖！您的个人品质——睿智、专心致志、孜孜不倦和锲而不舍的学习与研究精神以及天才的领导力，使您成为杰出的学者和众多科研成果的创造者。在那激情进取和成就辉煌的合作岁月里，在您的领导下，CAE 与 TsAGI 专家共同完成了数十项科学研究，涵盖了航空科学的各个专业领域——空气动力学、强度、飞行器控制系统等，并建立了 CAE 与 TsAGI 联合举办航空科学基础问题国际学术交流会的优良传统，为双方专家学者们交流经验和思想创造了条件。在此无上荣光的时刻，我们祝愿您在多姿多彩的生活中保持乐观和创造灵感，并祝愿中国的航空事业发展繁荣昌盛！诚挚祝福您身体健康，在未来的岁月里保持活力，能量满满，幸福好运永相伴！致以崇高的敬意！

在我国航空系统，具有国际声望和影响的学者专家，顾诵芬可谓当之无愧的第一人。他为中国航空界带来学术和工业进步的活力，也为中国航空界赢得属于全世界的荣光。

抗癌中，力推大飞机

力主大飞机运-20立项

2013年1月26日，在正式立项后的第6年，中国新一代战略军用大型

运输机运 -20（Y20）首飞成功；时隔 4 年，2017 年 5 月 5 日，我国按照国际民航规章自行研制、具有自主知识产权的大型喷气式民用飞机 C919 首飞成功。

在航空工业科技委所在地——北京北苑 2 号院的顾诵芬家中，客厅里开着电视机，屏幕并不算大。这位耄耋老人盯着荧屏关注业界，C919 的首飞直播自然不会错过……他笑着说："看着大飞机一下子起来了，不容易啊！"

时光回到 1999 年，我国驻南联盟大使馆被以美国为首的北约野蛮轰炸，航空装备发展前所未有地引起重视、被提上日程。从那时开始，一个又一个重大航空工程项目立项，这个令人奋进的势头一直延续至今。其中，大部分项目都融入了顾诵芬的心血，如新一代战机、舰载机、大飞机、远程轰炸机、高超声速飞行器、高端军用无人机、高级教练机、轻型多用途战斗机等。

顾诵芬与承担任务的有关机构密切协作，不仅及时形成支持项目立项的论证报告，还常常根据项目的重要性与紧迫性，以他个人或与其他相关专家合署的形式，凝练并向中央呈送有关建议书，其中多数得到国家领导人的重视与批示，在航空型号研制及相关领域技术发展的决策方面发挥了重要作用。

这当中，最著名的项目是一波三折、终成正果的大飞机专项。早在 2001 年 2 月，中国科学院就召开了以"21 世纪中国航空科学技术发展战略"为主题的第 159 次香山会议。作为会议成果的一部分，顾诵芬与王大珩、师昌绪等院士向国家最高领导层提出"抓紧时机振兴我国航空工业"的建议，建议国家将航空工业置于国家战略产业的高度，像抓"两弹一星"一样，将航空工业抓上去。

当年 6 月，在顾诵芬与王大珩、师昌绪的倡导下，中国科学院技术科学部和中国工程院机械与运载工程学部组建了由 16 名院士和 9 名资深研究人员构成的我国大型运输机发展战略课题组。2002 年，该课题组向中央呈报了《关于把研制大型军用运输机列为国家重大专项的建议》和《我国民机产业的发展思路》报告。

2003 年，随着国家中长期科技发展规划工作的启动，大飞机论证成为“题中之义”，这一年也成为大飞机论证的起始年。2006 年 7 月，顾诵芬参加由时任国务院副总理曾培炎主持的大飞机专题会议，并提出《关于我国发展大型客机的几点想法》。当年夏末，国家成立由顾诵芬、张彦仲、李未 3 人任主任委员，19 名专家组成的大飞机论证组。作为两院院士、一名飞机设计师，顾诵芬在论证中发挥了特有的作用。其中，对于涉及军民并发的大思路问题，顾诵芬后来在回忆录里这样写道：“因为军队确实需要大飞机，没有军用运输机是绝对不行的。另外，你能制造大型运输机以后，你必然有能力制造大型的客机，最后温总理听取了我们的建议。”

2007 年 2 月 26 日，时任国务院总理温家宝主持召开国务院常务会议，原则批准大型飞机研制重大科技专项立项。这一国家决策，吸收了顾诵芬等多位专家所提建议的核心内容，对我国大型客机 C919 和大型运输机运-20 研制一并立项产生了实质性推动作用。从此，中国大飞机的春天一步步走来，也使中国航空工业的整体能力跃上新高度。

大型飞机：军民谁为先之辩

中国大飞机应该先造军机还是先造民机，这在学界、商界、军界乃至民间，都有一定争议。对顾诵芬来说，先上军机或先上民机，还是军民机同时发展——

这样的命题似乎过于简单了一些，唯有深入思考、辩证回答。

在顾诵芬看来，首先要分析国内外市场走向和要求。民用飞机是一种高度市场化的商品，市场竞争非常激烈，要取得商业上的成功，不仅是技术问题，更关键的是市场问题。波音、空客公司十分重视市场研究，在 21 世纪之初，波音就曾力推新一代“超声速巡航者”客机，这在技术上是可以实现的。但通过对市场的详细调研，波音不久就放弃了该型号，转而发展受到航空公司欢迎的高效、经济的高亚声速飞机波音 787。

顾诵芬直言，长期以来，我国航空业多从事军品的研制生产，习惯于计划管理模式，对民机用户的需求关注不够。在改革开放和我国加入世界贸易组织（WTO）的形势下，中国的民机市场早已是世界民机市场的一部分，在国内市场同样要直接面对国际强手的竞争。必须尽早安排大型飞机的市场研究工作，下功夫分析市场需求，准确把握大型飞机的市场定位，根据航空公司的要求设计和制造出有市场竞争力的产品，确保大型飞机项目取得成功。他直言，我国民机还处于起步阶段，在能力上和竞争对手差距很大，需要民航部门和国家综合部门的鼎力支持。

他预见到，民用飞机因其技术复杂、系统性强、安全着陆要求高、全球统一标准等特点，型号的研制周期很长，例如研制波音 767 前后一共用了 10 年的时间。而我国的技术基础和手段都相对薄弱，需要更长的时间。

顾诵芬甚至对研制费用进行了估算。通过对比分析，波音公司当时正在研制的 200 ~ 300 座大型客机波音 787，光是机体的研发投入就高达 70 亿美元；而空客公司当时准备研发的大型客机 A350，大小和波音 787 差不多，其方案中仅机体研发投入就高达 100 亿美元。在他看来，通盘考虑的投资情况是“单干民机需要300多亿元，单干军用运输机需要200多亿元，这样共需要600亿元。如果合起来，两个飞机一起干，至少省下来100亿元。”

顾诵芬还前瞻性地提出，加强发动机预先研究，即通过国际合作，开发新一代客机的先进发动机。原因不难理解，发动机是影响飞机性能和竞争力的重要因素。下一代大型客机必将采用高效、清洁、节能的大涵道比发动机。从策略的角度讲，为了使我国大型客机尽快进入市场和降低技术风险，可以先采用国外的发动机。但同时必须在大型飞机工程中安排发动机专项，加大投入，用10年时间，开展发动机技术的预先研究，掌握关键技术；再用5年时间，开展型号研制，搞出具有竞争力的推力达12吨级的民用发动机。

对于大型运输机，军方用户更明确，需求迫切、要求清晰，技术基础也相对较好，国内已经开展了10年左右的预先研究，因此研制难度和风险相对较小。

而且，按顾诵芬的观点，大型运输机和大型客机有70%的技术可通用，通过实施大型运输机项目，将提高我国在大型飞机的气动力、机体结构设计、发动机、航电设备以及材料和制造技术等方面的研制能力，为大型客机的研制创造条件。此外，大型运输机除战时作军用，平时可用于应急救援和正常货运，可成为典型的军民结合、寓军于民的产物。

这之后，“大客”“大运”双线并发，顾诵芬因年事渐高与身体原因，未能更多地亲赴一线，但仍抱病参加了多轮方案研究、进展评估等活动，也遗憾地没能参加运–20的首飞仪式。但业内外的人们都清楚，中国大飞机能有今天，大飞机能够飞上蓝天，特别是“大运”顺利入伍服役，快速形成战斗力，顾诵芬厥功至伟。

两次直肠癌手术期间不放下课题

离开飞机设计岗位的顾诵芬将主要精力转向了飞机的主动控制技术研究，以及推动国产大飞机发展。其实，当他力主促成新一代军用大型运输机运 –20 立项，尤其是 2012 年底参加运 –20 的试飞评审时，已经显现出直肠癌的症状，身体极为虚弱。

2013 年 1 月，顾诵芬被诊断患直肠癌。4 月，在准备手术治疗的时间里，他仍然担任着航空工业科技委一项重要课题的负责人。在两次接受手术治疗期间，他还主持了科技委重大课题的研究工作；他的建议中包括航空武器装备及体系对抗、空天一体化、航空科技发展战略等方面的多项内容。在政府

顾诵芬耄耋之年坚持办公

和航空工业集团多项重大决策中，他的咨询建议发挥着不可替代的作用。

手术住院期间，顾诵芬还叮嘱资料室的工作人员给他送外文书刊，看到有用的文章又嘱咐同事推荐给一线设计人员，一些重要的外文资料他甚至会翻译好，提供给学生和年轻技术人员阅读。他说："我现在能做的也就是看一点书，翻译一点资料，尽可能给年轻人一点帮助。"

直到现在，耄耋之年的顾诵芬依旧活跃在第一线，时不时出现在办公室和会议室里。顾诵芬还承担着"2050 年前航空科技发展战略研究"指导组组长的重任，同时主持中国工程院多个项目的研究工作，并担任国家出版基金支持的大型科技丛书"大飞机出版工程"总主编。他深邃的目光始终注视着世界航空科技发展的动向，所掌握资料之广泛和深入，常常令专业人员自愧不如。

老同志，这次再来好好干一把！

选择题：翼吊式还是尾吊式？

2025 年 4 月 19 日，越南越捷航空向中国成都航空租赁的两架 C909 飞机正式开通"河内—昆岛—胡志明"往返航线，标志着中国商用飞机在越南开启商业运营。当地媒体报道称，从该国首都到旅游胜地昆岛的航线在 4 月 15 日售票第一天时，许多班次的经济舱和商务舱机票就均告售罄。

执飞新航线的 C909 就是我国自行研制的新支线飞机 ARJ21 的新增商业名称。此前，它不仅在印度尼西亚投入国际国内航班运营，还于 2025 年春进入老挝航空市场并完成首次商业飞行。截至 2025 年 4 月，C909 在东南亚三国累计开通 15 条航线，运送旅客超 25 万人次。

作为 C909 的前身，飞出祖国蓝天的 ARJ21，与顾诵芬有着延续了 20 年的渊源。2005 年 9 月，由中国航空工业第一集团公司（简称“中国一航”）研发制造的我国首架拥有自主知识产权的涡扇支线客机 ARJ21，被国家发展改革委列入国家重大工程项目。顾诵芬参与了当时国防科工委、中国一航、中国一航商用飞机有限公司（简称“中航商飞”）和中国一航第一飞机设计院（简称“一航一飞院”）有关 ARJ21 飞机的多项重大技术决策。

2000 年 10 月 14 日，中国一航在北京市北苑召开新支线飞机项目技术负责人候选人的专家评议会。时任中国一航发展计划部与科技委主任王昂协商确定了技术负责人候选人专家评议组的组成，推举顾诵芬为评议组组长。经评议，吴兴世的统计得分领先近 10 分，顾诵芬等专家们一致建议推荐其为新支线飞机项目技术负责人。[1]

吴兴世曾经参加过运-10 飞机的设计工作，与马凤山一起参加了美国麦道公司的桨扇项目，后来作为上海飞机设计研究所的所长和总师，长期负责国内干线飞机的论证和消化吸收工作，对民机有相当的技术基础。集团公司采纳了以顾诵芬为首的专家组的评议意见，任命吴兴世为新支线飞机总设计

1 《关于顾诵芬院士任新支线客机顾问的情况》，作者王启明。

师，全面开始新支线飞机总体方案设计工作。

当时，一道选择题摆在飞机设计师面前：发动机采用翼吊式还是尾吊式布局？当时，飞机的总体气动布局有发动机翼吊式和尾吊式两种方案，各有其优缺点，且都是可行的，世界上也都有成功先例。吴兴世等人认为他们对尾吊方案比较有把握：

> 我们需要把风险降到最低，我们需要一步成功。如果发动机再装到机翼下面，那么离地面就太近了，地面上的沙子很容易被吸进发动机，另外，在地面有水的情况下，前起落架溅出来的水也会被发动机吸进去，而这些情况往往要到飞机真的飞起来之后才能发现，波音737飞机为了解决这些问题就把发动机给压扁了，而我们的做法是采用尾吊式布局来解决问题。[1]

2001年7月3日—4日，中国一航在京召开新支线飞机项目可行性报告评审会，这些问题在会上被提出。顾诵芬等16人组成的专家组听取了筹备中的项目公司关于“新支线飞机项目技术经济可行性研究报告”的汇报和有关说明。经认真讨论，专家组着重对技术方案提出多条评审意见，其中就涉及发动机“吊”在哪儿。

可行性研究报告根据实际，提出选用尾吊式布局。专家组同意这一选择，建议在设计中充分利用预研成果，对尾吊式布局的深失速、后体干扰、发动机短舱进口流场等精心设计，并注意研究尾吊式布局对50座级缩短型飞机的影响。

1 《为了中国——中国首架新型支线客机研发纪实》，作者刘济美，由中国经济出版社于2009年出版。

这一系列评审意见反映了顾诵芬的一贯思路。顾诵芬认为，既然任命了总设计师，就应该信任他们，给他们充分发挥才智的机会。在评审意见书后的专家组组长一栏，顾诵芬签下了自己的名字。

专家组发声“力排众议”

专家组的意见为新组建的中航商飞的技术决策打下了良好基础。而2004年时有消息称，ARJ21飞机在细化设计方案时，发现飞机“超重”不少；也有传闻称，部件开铆时间已从4月底推迟到6月。

对此，一航一飞院在复查飞机技术方案时也提出了很多意见。次年1月5日，中航商飞在上海组织召开新支线飞机项目技术问题研讨会，时任中国一航副总经理、中航商飞董事长杨育中，中国一航总经理助理、中航商飞总经理郑强，顾诵芬院士，李明院士，中国一航科技委顾问郑作棣等30多人参加了会议。

参会专家认为，ARJ21工程设计中出现的问题不是颠覆性问题，但今后需要在减重等方面做更深入、细致的工作；建议按程序，由一航一飞院提出正式报告，交中航商飞公司审批。经过“会诊”，设计团队有了主心骨，技术方案没大问题，关键是脚踏实地做工作。值得注意的是，此次会上成立了技术专家组，对新支线飞机的技术问题进行跟踪，帮助解决问题，聘任顾诵芬院士为技术专家组组长。

2005年中，新支线飞机的研制又一次出现了不同的声音，其中一种意见坚持认为进行中的飞机设计方案存在较为严重的欠缺，需要做根本性的修改；甚至有人主张从头来，新搞一个翼吊方案。在此形势下，7月25日—30日，中国一航民机部组织了集团公司内由顾诵芬院士牵头的12位专家，到一航一飞院上海分院对新支线飞机的技术方案进行技术复查。

对于这个关键时刻的关键性举措，顾诵芬回忆道：

中国一航科技委顾问郑作棣同志首先看到了问题的严重性，他找到集团公司主管ARJ项目的郑强同志，给他建议，要我出面请一些有经验的专家，前往上海仔细研究一下，看当时的新支线方案能否干下去。后来我找了601所、611所一批有实践经验的专家去了，给上海坚定了干下去的信心。[1]

专家组分为总体气动和结构强度两个专业组，分别听取了技术情况介绍，调阅了部分技术资料，并与相关工程技术人员进行了座谈。当时担任一航集团民机部部长的王启明回忆道：

专家组认为，ARJ21项目发展到今天是不容易的，这是20多年来我国自主研发民机首次走到这样的深度和广度。我们对已获得的成绩要充分肯定。目前遇到的问题，总的来看，是发展中、前进中的问题。

专家组对当前的技术方案总的评价是，已进行了四五年的技术工作很有成效，没有发现什么重大的颠覆性问题。目前看不出改为翼吊式布局或将机身缩小为四排座等重大方案更改的必要性。我们相信，只要大家团结一致，齐心协力，经过艰苦努力，对现有技术方案进一步精化，是能够将研制工作搞好的。[2]

1 《我的飞机设计生涯》，作者师元光，由航空工业出版社于2011年出版。

2 《关于顾诵芬院士任新支线客机顾问的情况》，作者王启明。

2005 年 8 月 17 日，中国一航专家组向时任总经理刘高倬、常务副总经理杨育中汇报了新支线飞机技术复查情况。顾诵芬直言不讳地谈了专家组的意见：

> 对现行设计方案不能有推倒重来的思想，有一部分人有这种情绪，应加以教育引导，飞机设计部门要齐心协力，按照现行方案搞下去。
>
> 专家组认为，新支线飞机要求高、难度大、设计队伍年轻且缺乏经验、技术储备不足和管理跟不上是项目出现技术问题的主要原因。专家组建议：通过加强管理、优化设计和反复迭代来解决当前面临的技术问题。

专家组的意见使中国一航集团决策层对飞机方案存在的技术问题有了清晰的了解和认识。王启明感慨，如果当时不是这样坚持已经研制几年的设计

2009 年 4 月 20 日，顾诵芬（右）与歼-8 II 常务副总设计师陈嵩禄在上海参加 ARJ21 专家咨询会

方案，ARJ21也就没有了今天的局面。

对设计负责，也是对历史负责。顾诵芬知道，对ARJ21的一次次评审、论证、接受咨询，不是简单地发表一下个人意见，专家和专家组的咨询意见和建议将会对新形势下的新一代支线飞机乃至将来的干线客机都有着举足轻重、抉择生死的影响，他全身心地投入了进去。

顾诵芬还亲自选择、建议和确定了专家组的组成人员。在顾问中，601所的刘孟诏就是顾诵芬点名要去的。刘孟诏回忆道："到上海住下来以后，顾总对我们说：'我们这些多年从事飞机设计的老同志，这次再来好好干一把！'这不仅是顾总对我们的要求，也充分体现了他参与飞机设计第一线工作的激情。"[1]

长空之下，纵向贯通

通航大事业抓早抓小

2025年4月20日，我国首次按照中国民航适航规章完全自主研制的大型水陆两栖飞机AG600"鲲龙"获得中国民航局颁发的型号合格证，标志着

1 《顾总——我的良师益友》，作者刘孟诏。

全球起飞重量最大的民用水陆两栖飞机通过了严格测试和验证，研制取得圆满成功，获得市场“准入证”。

这艘会飞的船、会游泳的飞机，成为通用航空的“工具箱”平台。而我国加快加力发展通航事业，实际上也就是最近二十来年的事儿。这件大事，同样离不开顾诵芬。

2002 年 4 月 9 日，通用航空专家委员会在京举行成立会，这是一个由中国科技咨询中心和中国航空学会共同领导的民间专家组织。委员共 27 人，时任中国航空工业第一集团公司科技委副主任的顾诵芬任委员会主任，时任民航总局运输司司长张志中、空军原副参谋长葛文墉、国家体育总局航空体育运动管理中心副主任张西苓、中国航空工业第二集团公司科技委委员曹竞南任委员会副主任。

谈及航空学会通航专家委员会的成立，曹竞南十分熟悉背景情况：

> 当时摆在大家面前的首要任务就是要寻找一位德高望重、有号召力和组织能力的主任。可以说具备上述条件的领导不少，但出于种种原因，有的领导婉言谢绝。当找到顾院士时，他十分谦虚地说，自己历来是从事歼击机的设计与研究，在通用航空领域中接触不多和不深，最好不要由他来牵这个头，以免误事。实际上顾院士深知，我国通用航空滞后于运输航空的现实已经严重影响到我国由航空大国走向航空强国了。经过大家盛情邀请，顾院士终于同意承担主任职务。[1]

---

1 《顾院士心系通用航空》，作者曹竞南。

顾诵芬的观点非常明确：一个在新世纪迅速崛起的大国，不能不是一个航空大国。国务院关于批准大飞机立项的决策表明了中国政府发展航空事业的决心。但必须看到，如果没有通用航空大发展的基础，中国成为航空大国的梦想就始终是一架缺失一侧机翼的飞机，既无法站稳脚跟，也难以腾空而起。

回忆起顾诵芬担任通用航空专家委员会主任后的工作，曹竞南这样说："凡是委员会内部工作研究讨论、对老航空人的信件阅处、课题研究、参加科普讲座等，顾院士都亲力亲为，做了大量的实际工作，起到了很好的作用。"

比如，2004 年，顾诵芬承接了国防科工委的"我国通用航空 / 通用飞机产业发展综合研究"课题。整个课题研究在其亲自领导和主持下开展，并得到了国防科工委的充分肯定和好评。这个课题的研究成果至今仍被通用航空领域内的专家、学者广泛引用，起到了很好的指导作用。

当年，我国低空空域没有放开，无疑也成为影响我国通用航空发展的一个重大因素。但我国低空空域的放开并不是空军和总参的"问题"，而是涉及我国国防安全等一系列问题，必然要进行科学研究、充分论证。为此，顾诵芬院士应国务院、中央军委空中管制办公室的邀请，积极参加了"十一五"有关空管研究课题的审查讨论工作，以尽可能地促进通用航空大力发展。在几年的时间里，顾诵芬与在北京乃至全国长期从事通航事业的民营企业家、航空爱好者中的许多人成为朋友，彼此间有了很深入的了解。

按照顾诵芬的要求，2007 年 9 月 4 日，中国一航科技委通航产业发展课题组召开了通航产业发展座谈会，参会者由时任北京科源轻型飞机实业有限公司董事长、总经理原永民负责邀请和召集。这些民营企业家都是北京地区长期从事轻型固定翼、旋翼飞机、热气球及装置、滑翔伞等通用航空器生产，航摄、遥测等通用航空服务，航空体育运动的组织、服务等事业的，此外还有航空事业爱好者与会。

顾诵芬注意到，通用飞机发展的载体是空间，而通用航空网络的平台是机场。没有足够的机场，就无法形成满足需要的运营网络，通用航空的发展只是一句空话。

当时，截至 2006 年底，我国通用航空飞机、直升机总数仅为 707 架，其中飞机 575 架、直升机 132 架。而机场数量更是少得可怜，截至 2005 年底，共有通用航空机场 68 个，通用航空临时机场（起降点）329 个，总数为 397 个。

民航全行业持有效飞行驾驶员执照的飞行人员共 16 031 人。其中持航线运输驾驶员执照的 6 901 人，商用驾驶员执照的 7 757 人，私用驾驶员执照的 1 373 人。

这些数据同美国相比，我国通用航空年飞行总量仅为美国的 1/140，飞机总数为 1/300、飞行员数量为 1/38、机场数量为 1/44。造成我国这种状况的直接原因有两个：一是空域；二是机场。

顾诵芬在一份向当时的国防科工委的提议中指出："20 世纪，美国制定了联邦投资计划大纲、通用航空实验飞行计划、通用航空推进计划、空中高速路计划、小飞机运输系统计划等，以缓解高速公路和枢纽机场的拥挤。小飞机运输系统以 4 倍于高速公路的速度，使美国城市的近郊、农村和偏远地区实现舒适便捷的旅行。在美国，一个通用航空机场的建设成本小于高速公路 2 千米的造价，大量分布在美国各地的通用机场带动了小社区的发展，缩短了城市和乡村的差距。"[1]

---

1 《对振兴我国通用航空事业的几点建议》，作者顾诵芬。

顾诵芬认为，建设通用航空飞机机场的资金不是问题，需要解决的主要问题在于政策、法规的制约。政府如能很好地解决诸如通用航空机场建设标准、规划审批和运营批准程序等问题，相信会有大笔民营资本投入该基础设施建设领域。

从孩童时期起，顾诵芬就是一个航空爱好者，所以他深知爱护和培养航空爱好者和航空事业，通用航空事业应该抓早、抓小的道理。他一直强调：在中国经济高速发展的今天，不仅高层次富裕群体已经产生对喷气式公务机等先进快捷交通工具的迫切需求，航空爱好者群体也在迅速成长壮大。应该相信，只要国家政府部门和军方能够体恤民情、创造良好的政策环境、充分放开空域、发挥蓝天资源优势，中国的通用航空产业就一定会健康发展。中国民间航空爱好者的冒险精神和对航空事业的热爱和执着，必将推动中国通用航空乃至整个航空产业不断前进。

顾诵芬和积极推动通用航空发展人士的努力见到了明显成效。当前，通用航空已上升为国家战略。2016 年 5 月，《国务院办公厅关于促进通用航空业发展的指导意见》将通用航空业确立为国家战略性新兴产业体系。不到十年，中国人就迎来了“低空经济元年”，电动垂直起降飞行器（eVTOL）成为全民热词、股市板块。

至 2025 年 3 月 28 日，中国民用航空局向广东和安徽两家公司同时颁发了全国首批载人类民用无人驾驶航空器运营合格证，标志着中国低空经济“载人时代”序章正式开启，大大促进了民用无人驾驶航空器在载人低空观光旅游、低空飞行体验等领域的发展。

领衔国家应急救援体系建设

值得一提的是，顾诵芬科研生涯的“空中目标”不止于战机。2008 年 5 月 12 日，面对震惊世界的汶川大地震，在抢险救灾中，航空应急救援力量发挥了不可替代的作用，但同时也让航空人深深愧疚：航空应急救援能力严重不足，难以满足需求，无法及时勘查灾情，也无法对更多的灾民施救。

就在 2008 年 11 月的珠海航展上，在时任空军装备部部长、中国航空学会副理事长魏钢将军的组织下，举办了一场别开生面的“生命之翼——抗震救灾与航空装备”专题展，因其在临时搭建的数百平方米的白色帐篷里举办，又被称为“白色帐篷展”。这场再现航空救援场景、讴歌英雄、赞美大爱，同时又深刻反思、总结经验教训、普及航空知识的展事，收到很好的效果，多名中央领导同志观展并做出指示，为其后开展的建言活动营造了社会氛围。

此后，“应对重大自然灾害，加强航空装备发展”科技咨询项目研究展开，“建立航空抗灾救援体系高层论坛”召开，顾诵芬热情参与，在建立国家航空应急救援体系建设这一重大问题上，与同行专家寻求和形成共识。

作为这项工作和一系列活动的直接成果，2009 年 3 月，一份《关于加快建设我国航空应急救援体系的建议》形成，并准备向党中央和国务院呈送。张聚恩把这份文稿送到顾诵芬办公室，他认真读完后当即在文稿的封面页写下“我完全同意”5 个大字。在张聚恩的记忆中，顾诵芬以如此形式，对一份文稿予以肯定，可能是唯一的一次。

后经刘大响院士直接联络，共征得 27 位院士对这份建言书联署。在决定由谁领衔签署时，还发生过一个小插曲：同为两院院士的师昌绪因德高望重，被公推为首署，但他认为顾诵芬对航空的了解更深，因而也更合适。于是，这份由顾诵芬、师昌绪共同领衔的建言书送至中央。

2009 年 4 月，时任党和国家领导人先后对这份建言书做出批示，指示有关部门“研究、规划和部署”。从 2009 年 5 月起，国务院应急办会同 25 家部门（单位）与机构，经一年的工作，完成国家航空应急救援体系规划研究，以及“十二五”期间国家航空应急救援体系建设相关规划的编制，其中明确提出应急救援体系建设与航空工业协调发展的方针，并聘请顾诵芬担任顾问。

在中央领导的亲切关怀下，这份建言书化作一幅恢宏的蓝图，成为一场“富国、安邦、惠民”的大工程；建设国家航空应急救援体系的重大任务进入了崭新的阶段，以此为突破，我国通用航空事业发展翻开了新的一页。

从“里海怪物”开始开发地效飞行器

求真探索，顾诵芬对新事物始终保持着好奇心。在苏联境内的里海，曾出现一种不明飞行物，比任何能想到的同类飞机都大，以其气动外形似乎不可能飞起来，但它确实能以一般水面、地面交通工具无法达到的速度飞行。在种种无法破解的疑团面前，它被西方的智囊称为“里海怪物”。随着冷战结束，大批资料解密，事情真相大白。原来，这“里海怪物”是苏联秘密研制的一种地效飞行器。

地效飞行器是介于飞机、舰船和气垫船之间的一种新型高速飞行器。与飞机不同的是，地效飞行器主要在地效区贴近地面、水面飞行，利用的是被称为“地面效应”——飞行器在接近地面时，升力增大，升阻比会提高的空气动力特性。风洞试验表明，当飞行器在距地面或水面高度为翼弦的 15% 处飞行时，地面效应最为明显，升阻比可以提高 30% 以上。与靠自身动力产生气垫的气垫船不同，地效飞行器靠地面效应产生气垫，其有效载荷大，燃料需求少，航程远，在水面、地面上都能自由高速飞行。

中国驻俄罗斯大使馆注意到了，先前掌握地效飞行器最先进技术的不是美国和欧洲，而是苏联，同时也敏锐地觉察到在苏联解体后，从俄罗斯向中国引进这一技术的难得契机。就在这一段时间里，顾诵芬因中俄航空技术合作而频繁地往来于莫斯科与北京之间。大使馆的同志便把他们对地效飞行器的考虑与顾诵芬交流。顾诵芬记得，国内从 1978 年就由船舶工业部启动了地效飞行器研究，当时称为“掠海翼船”，主要是利用了地面效应。此前，顾诵芬对俄罗斯地效飞行器的研究情况并不太了解，听到大使馆同志的介绍后，觉得很有研究价值，于是着手开展相关工作。

在顾诵芬的推动下，航空研究院邀请俄方专家专程前来讲授地效飞行器的相关情况。俄方专家讲了一周，把地效飞行器的原理和设计要点都讲到了，航空航天工业部特种飞行器研究设计所认真整理了授课记录，为后续的设计研究工作打下了基础。

地效飞行器的神秘面纱被揭开以后，世界各国的军事专家普遍认为，这一技术将成为未来各国军事斗争的一个新领域。面对这样一项先进的航空新技术，中国的科学技术人员不会无动于衷。

1995 年，中国科技开发院与来自航空航天工业部的特种飞行器研究所、空气动力研究所成立了地效飞行器开发中心，曾任航天工业部部长的李绪鄂亲任总指挥，顾诵芬则担任中心顾问，空气动力学专家、后来当选为中国科学院院士的崔尔杰等也为地效飞行器研发做出了重要贡献。李绪鄂对顾诵芬的支持非常感谢。对担任这一项目的顾问，顾诵芬是十分认真的，他利用自己与俄罗斯航空科技界多年来建立的友好关系，为地效飞行器的合作发挥着巨大的作用。

在应对俄罗斯专家提出的建议和意见的过程中，顾诵芬发挥了一个飞机空气动力学专家的优势。俄方专家在看过中方的方案后，提了很中肯的意见，认为两个端板的外形设计不对，对接触水面的部位提出修改意见，同时还提出应该在湖里做专门的拖曳试验，看阻力到底怎么样，也承诺在设计改进后再来审查。

到快试飞的时候，俄方专家又提出意见：水平尾翼面积不够，可能稳定性不行。他们说，地效飞行器的特点要求其重心一定要在焦点，即气动中心的前面，还有一个气动中心（称为“飞高中心”，因为飞行器越往下沉，升力越大），升力作用点的位置与改变迎角的作用点不同，要靠前。

按照俄罗斯研究的结果，飞行器的重心要在这两个焦点之间，才能保证安全。听了这个意见，李绪鄂有些着急，要求加大尾翼。顾诵芬对这个项目很关心，经常托俄罗斯的人买些有关的书籍来看，其中有两篇文章对他很有启发。经过认真思考，顾诵芬提议，加大水平尾翼的面积不如加长翼展，这样可以避开涡流区的影响。这样做了以后，风洞试验通过了，飞起来以后效果也还好。李绪鄂曾说，顾诵芬在关键性技术上的指导和把关，是地效飞行器得以开发成功的关键。

仅仅用了 4 年的时间，1999 年，李绪鄂带领的这个团队就生产出了两架地效飞行器，起名“天翼一号”（DF-100）。凭借李绪鄂的努力，飞行器在浙江湖州太湖边开始试运行。遗憾的是，在这个关键时刻，李绪鄂罹患癌症，于

2001 年 4 月 3 日去世，这无疑对这一事业是难以估量的重大损失。顾诵芬对此深感惋惜。

小平致谢设计师

总设计师与总设计师见面

有一次会面，堪称不同领域之间“总设计师与总设计师见面”。

1987 年的夏天，顾诵芬接到一份中共中央办公厅发出的请柬——“顾诵芬同志：中共中央邀请您偕爱人于七月十八日至三十一日到北戴河休息。”中央邀请科技界专家到北戴河休息，在共和国的历史上还是第一次。在那次以后，经党中央批准，中央组织部正式建立了组织专家携配偶疗休养机制。

7 月的北戴河，海波荡漾，水天一色，景色宜人。顾诵芬和夫人没有想到的是，24 日上午，时任中共中央顾问委员会主任邓小平出现在大家眼前。那一年，邓小平已经 83 岁，但精神矍铄，神采奕奕，他步履稳健地走到包括顾诵芬在内的 14 位优秀中青年科技专家面前，与大家亲切握手。除与大家合影外，他还特意与他们每一个人拍照留念。

邓小平同志高度评价了科技界的成就，他说：“对你们在各自领域中间做出的卓越贡献，国家感谢你们，党感谢你们，人民感谢你们。对今天不在场的许许多多在科学技术领域里做出重要贡献的人，国家感谢他们，党感谢他们，人民感谢他们。……我代表党感谢你们辛勤的劳动，并通过你们感谢全国的科技工作者。”这是中央对改革开放以来知识界、科技界的肯定，也是对广大中青年知识分子的希望和嘱托。

这个暑期，顾诵芬的人生经历里多了这一份难忘的回忆，他作为一名飞机总设计师与我国改革开放的总设计师小平同志面对面成了人们传诵的篇章。邓小平与顾诵芬亲切握手的照片刊载于《人民画报》上，照片底下的说明词是“邓小平于 1987 年 7 月 20 日在北戴河亲切接见 601 所原所长兼总设计师顾诵芬”。在当时，这对于航空工业和科技界广大知识分子，对于全国的人民群众都是一件轰动性的新闻。但顾诵芬并不贪功，受接见后，他马上给所里写了一封信：“我受到邓小平的接见是代表全所同志的，这个荣誉属于全所的同志们。”

航空学术著述与编译等身

顾诵芬在学术与科技发展方面嗅觉敏锐、目光前瞻、判断准确，这得益于他良好的外语能力，由此可以高效、快速地直接阅读英文、俄文等外文的资料，还得益于他在一线直接组织领导国际合作项目所形成的快速获知新发展动向的优势。从 20 世纪 90 年代以来，顾诵芬一方面不断撰写高水平的个人著述，另一方面以巨大热情和特殊的位势条件，组织编译和推介优秀的国外航空学术著作，为推动我国航空科技进步立下了不逊于推动具体型号研制的殊勋。

经过张聚恩梳理，顾诵芬个人著述主要有论文、研制经验谈、考察报告等，20世纪90年代后的代表作就有：《当代航空航天技术的发展趋势——关于航空航天飞机》《21世纪用于城市间交通的新工具——偏转旋翼飞机》《关于新一代飞机的设计载荷》《立足现有航空武器装备实现“空天一体”的一些想法》《设计超音速高性能飞机中的一些气动力问题》《关于航天飞机研制和发展的综述》《2000年前后歼击机的发展趋向》等。

院士论坛

21世纪用于城市间交通的新工具——偏转旋翼飞机

中国科学院、中国工程院院士
中国航空研究院副院长 顾诵芬*
（中国航空研究院，北京 100012）

随着世界经济的发展，人们越来越要求提高生活质量，在旅行上要求快捷、安全、舒适。可是随着经济增长造成车辆急骤增加，道路堵塞成为发展快捷旅行的大障碍。虽然现代民航机时速可达800～900公里，可是从北京到沈阳650公里的航程，空中飞行虽不到一小时，但从北京市区到机场，从沈阳机场到市区，汽车都要走将近1小时，如遇堵车时间还要长。所以从市区到市区的旅行，坐民航机需化的时间，在地面比在空中要长两倍。如果能从北京市区直飞沈阳市区则可省2/3的旅途时间，这是规划交通的人所需要考虑的。

另外现在发达国家大城市的枢纽机场，往往不能及时疏散短途旅客，造成机场拥塞和班机延误是十分严重的。因为一般飞机都要用跑道，而一个机场一般大的也只有三条跑道，所以这个机场拥塞延误问题很难解决。

面临以上的问题，随着经济发展会越来越严重，迫使航空科技工作者不得不研究新的不用或少用机场跑道的飞机，即能垂直起降的飞机。50多年来研究过近百种垂直起降运输机方案，例如今西方航空大国感到有发展前途的是“偏转旋翼”飞机。

偏转旋翼飞机的特点
（见图1、2、3）[1]

位于机翼两梢的旋翼，在起降时转到水平位置，像直升机一样旋翼起升力面作用，当飞机升空后旋翼转到垂直位置，起螺旋桨的推进作用，而飞机的升力则由机翼来承担，因此其空气动力效率比直升机高。直升机的旋翼在前飞时不仅要起升力面作用而且同时起推进器作用，其前飞升阻比仅3.5～4.5，而偏转旋翼飞机的平飞升阻比可达10～14。

偏转旋翼飞机的研究已有45年了。美国研制的第一架活塞发动机偏转旋翼试验机XV-3（见图1）[1]，重仅2.2吨，于1955年8月23日实现了垂直起降飞行，并成功地实现了从垂直升起过渡到水平飞行的转换。1973年美国陆军和国家宇航局（NASA）又共同开发了涡轴发动机的偏转旋翼试验机XV-15（见图2），重量达5.9吨。XV-15从70年代到90年代共进行750小时试飞，取得了很多有用的数据和经验。在此基础上，1981年美国陆、海、空、陆战队四军又开始开发军用的偏转旋翼飞机V-22“鱼鹰”。其任务为运送突击部队抢占滩头阵地，实施战场搜索和救援以及后勤支援等任务。原型机已

* 顾诵芬（GU Songfen，1930.2.4—）中国科学院、中国工程院院士，飞机空气动力学家，江苏苏州人。1951年上海交通大学航[illegible]

20卷6期 21

顾诵芬对未来出行方式的前瞻研究论文

这些著述聚焦于国内外航空航天科技发展的重大、难点、热点问题，如新一代战机、高超声速、空天融合、城市交通等，富有前瞻性地做出了研判与分析，现已经解密，被收入《顾诵芬文集》和其他书籍。

在学术和航空科技理论方面，顾诵芬建树颇丰。他总结和创立的一套设计超声速歼击机气动布局与估算气动特性的方法，发表的“摸透62式机的气动力工作”报告，堪称我国超声速飞机气动设计的基础方法与经典文献。他撰写和翻译的大量专业理论著述，组织编纂的一系列技术规范、设计手册、标准以及科技丛书，成为航空科技领域的宝贵财富。他主编的《飞机总体设计》，成为航空院校的国家级精品课程教材。

他投入更多精力、给予更多关注的工作，则是以国际视野和独有的国际声望，在不断开拓的对外合作中，发现和推介高水平专家来华讲学，引入高价值航空科技图书文献等。在最困难的一段时间里，他几乎仅以“一己之力”维系与推动着这方面的工作，特别是对俄罗斯航空界的引进与推介。同时，顾诵芬热情组织与支持国内相关专著或丛书的编辑出版和推介工作，从策划到编辑，工作深入细致；不仅他署名的“序言”类文字饱含他自己的思考与见解，而且他还深入参与著作和丛书的具体策划，发挥了灵魂人物的作用。

张聚恩整理发现，20 世纪 90 年代后，顾诵芬主编、组织编撰与编译或写序的出版物至少有：《航空航天科学技术（航空卷）》，顾诵芬主编，山东教育出版社，1998 年；《世界航空发展史》，顾诵芬、史超礼主编，河南科学技术出版社，1998 年；《我国军用飞机的发展回顾》，顾诵芬、朱荣昌著，航空工业出版社，2002 年；《现代武器装备知识丛书：空军武器装备》，顾诵芬主编，原子能出版社、航空工业出版社、兵器工业出版社，2002 年；《国防科技名词大典》，顾诵芬副总主编、航空卷主审、飞行原理分支主编，航空工业出版社、兵器工业出版社、原子能出版社，

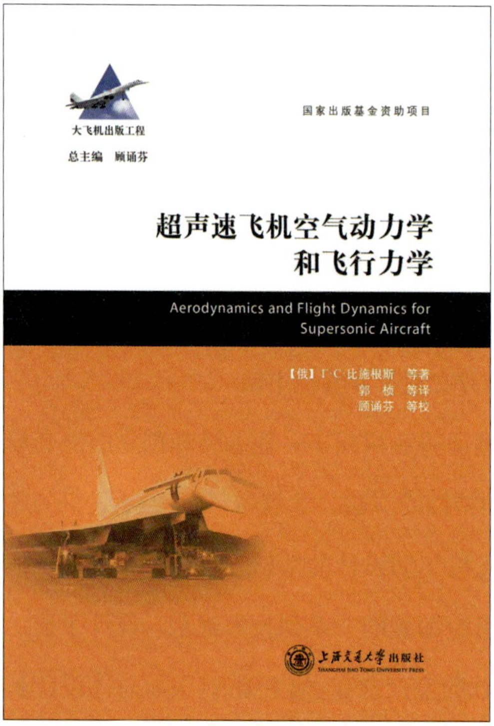

顾诵芬任总主编的“大飞机出版工程”分册之一

2002年；《中国飞机设计的一代宗师徐舜寿》，顾诵芬等编、师元光主笔，航空工业出版社，2008年。

值得一提的是丛书“大飞机出版工程”由顾诵芬任总主编，上海交通大学出版社出版，2009年至今，已完成逾200册，9期入选国家出版基金。其中，《运输类飞机的空气动力设计》由荷兰的艾德·奥波特著，顾诵芬与吴兴世、杨新军合译；《超声速飞机空气动力学和飞行力学》由俄罗斯的比施根斯等著，郭桢等译，顾诵芬校，该书荣获中国出版政府奖提名奖。

2010年后，还有《飞机总体设计》（顾诵芬主编，北京航空航天大学出版社，2011年）；《俄罗斯院士回忆航空半世纪》（俄罗斯的叶甫根尼·亚历山大洛维奇·费多索夫著，李志、王永庆译，顾诵芬审校，航空工业出版社，2017年）；“军用航空装备技术发展理论”丛书（顾诵芬、朱荣昌等任编委会主任，航空工业出版社，2018年）。

除此之外，他还有一些虽已编译但并未公开出版的著述，例如2002年由费多索夫主编的全面介绍俄罗斯航空兵科技发展的近百万字巨著，也在顾诵芬的组织与推动下，成为广大航空科技工作者学习的重要文献。顾诵芬为此还专门写道：“阅读巨著，深受感动，我从事歼击机设计40多年来还没有看到这样一本系统的、又有理论的、阐述歼击机作战使用的书。”

空天战略格局“天外有天”

顾诵芬作为战略科学家，对格局的设计甚至超越航空领域，可谓“天外有天”。2011年12月5日，航空工业集团在北京隆重举行顾诵芬院士从事航

顾诵芬拿到了上海交通大学出版社新出版的“大飞机产业研究丛书”（徐瑞哲 摄）

空事业 60 周年纪念大会，集团党组为顾诵芬颁发了航空工业历史上唯一的一个奖项——航空报国终身成就奖，以表彰他参加航空工业，为国家、为民族所做的杰出贡献。

颁奖仪式后，顾诵芬所作学术报告的题目是《航空向空天一体迈进》。他首先介绍了美国科学院、工程院及空军科学技术委员会的研究动向，接着，他以“空天一体的核心在于研制高效的吸气式发动机”为重点，对“气动、气动热、等离子动力学、材料与结构、控制”等关键技术逐项进行了分析，并列举了当时美国、欧洲各国等航空强国的预研动态、发展趋势。站在讲台上，顾诵芬想到的是中国如何应对航空航天技术发展引发的国际格局的深刻变化，以及航空工业发展的前途。他系统深入的分析远比大声疾呼更有说服力，更能激发决策层和相关专家、领导的紧迫感。

就在 2022 年春，在第五届航空工业“科技月”启动会上，顾诵芬同与会代表交流分享了自己参加两院院士大会的所思和所想，言语间流露出他对航空事业始终如一的坚守、热爱与关切。“这次两院院士大会将科技创新的历史定位提升到前所未有的高度，充分体现了党和国家对科技创新的重视，从习近平总书记等党和国家领导人的讲话、发言中，我们切实感受到大力发展科技创新绝不是空喊口号，而是要实实在在地付诸行动。”

参加完两院院士大会、聆听习近平总书记的讲话后，顾诵芬整夜没能合眼，感觉压力很大，一直在思考航空工业到底要如何突破被“卡脖子”的关键专

顾诵芬参观中航系统展室

业和技术问题。他还说，中央领导在谈到科学家精神时，两次提到歼 –15 舰载机工程总指挥罗阳同志，党和国家对航空工业的重视和关心令他感受颇深，他也以此勉励广大航空领域科技工作者，要在科技创新上下功夫，加强基础研究和应用基础研究，共同为航空工业创新发展贡献力量。

第五章

育人储才：桃李无言，誉满天下

从右至左：王永庆（时任 601 所总设计师）、李明院士、管德院士、
顾诵芬院士、孙聪院士、赵民（时任 601 所所长）、李天院士、杨凤田院士

“咏世德之骏烈，诵先人之清芬。”在别人眼中，顾诵芬是一个不平凡的人；而在顾诵芬眼中，自己就是一个平凡的人。关键是要以凡人之心，为不平凡之事；更重要的是，以一己凡人之身，栽培更多不凡之人，以成就更多非凡。

顾诵芬现在的办公室在航空工业集团科技委办公楼二层东侧，除了门窗和一张靠墙摆放电脑的小桌、两张供来客坐的旧沙发外，四周几乎全被书柜、书架所占据，进门两侧的地上也堆放着一摞摞书刊和装着资料的纸箱。2009年，为配合保密检查工作，办公室的两位同志帮助他清理了一次，但房间依然显得很拥挤。他的办公桌是用了十多年的老样式，椅子也是一把普通的木椅。早在沈阳飞机设计研究所的时候，他就不坐别人放

顾诵芬在北京朴素的家

顾诵芬家门口（徐瑞哲 摄）

在他办公室的转椅，觉得这与周围同志的座椅不一样，心里不自在，让人搬走。大家说，几十年了，顾诵芬一直就是那样朴素。

凡事往简单处想，往认真处行。在同事眼中，顾诵芬平易近人。2006年，在ARJ21新支线飞机转段评审中，有一天吃晚饭时，会务人员发现顾诵芬没来，就去房间找，发现没有人。当时，在场的人们都心里一紧，怕他出了什么事情。接通他的手机后大家才知道，他正一个人在上海火车站。原来散会后，顾诵芬自己叫出租车去上海火车站接老伴了。会务人员愧疚地对顾诵芬说，您那么大年纪，应该要会务组派个车嘛，顾诵芬却说不想给别人添麻烦。

在师友眼中，顾诵芬一向简单。他父亲的母校苏州一中的校领导曾经看见顾诵芬身上的羊毛衫在肚脐位置破了一个大洞。他每次回苏州一中，学校都提出派车去上海机场接，但他坚持要坐火车，特意关照不要惊动苏州地方政府。在食宿方面，他唯一的要求是“近一点，简单一点”。顾诵芬从来没有为私事麻烦过学校。

在记者眼中，顾诵芬没有架子。有记者发现，对于各种活动的邀请，身为两院院士的顾诵芬一直坚持这样的原则：非学术活动不参加，非自己专业领域不参加。哪怕是母校邀请他参加校庆，也被他回绝。上海交大开设飞机设计专业后邀请顾诵芬去讲课，他就欣然应允：“这是我的专业领域，所以得去。”接受采访时，顾诵芬非常客气，亲自给记者倒茶，还不厌其烦地讲解起中国战机的发展历程。为便于记者了解，他还赠送给记者两本航空科普书籍。采访后，顾诵芬怕记者多走冤枉路，执意让老伴把记者送到地铁站入口处。当记者离开他家时，他用地道的苏州话说：“再会！”这位记者感慨地说：“没有架子的院士就像邻家老伯。”

寄厚望于来者

航空工业界唯一两院院士

中国科学院院士、中国工程院院士、全国人大代表，无数的奖项、至高

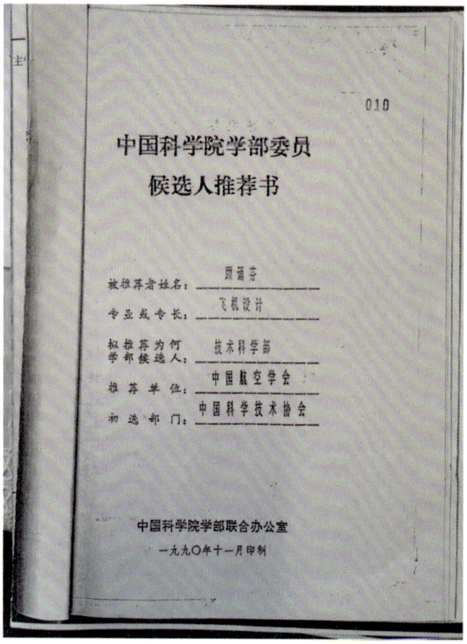
010

中国科学院学部委员
候选人推荐书

被推荐者姓名：顾诵芬
专业或专长：飞机设计
拟推荐为何学部候选人：技术科学部
推荐单位：中国航空学会
初选部门：中国科学技术协会

中国科学院学部联合办公室
一九九〇年十一月印制

顾诵芬的中国科学院学部委员候选人推荐书

的荣誉，所有这些都没有改变顾诵芬为人处世的原则和态度。他视名利如浮云，通过言传身教，持续推动中国航空科技创新发展。

1949 年 11 月 1 日，伴随着中华人民共和国的诞生，中国科学院成立。1955 年 6 月，中国科学院学部成立。学部组成人员称为“学部委员”，从全国最优秀的科学家中选出。

“院士”的英文“academician”，实际上是指“academy 的成员”，或“从事学术（或艺术）工作的人”。Academy 是古希腊哲学家柏拉图所创建的“学园”，柏拉图在此讲授他的学说，而后历经千年演进，成为学术和研究机构。

1990 年底，中国科学院启动了新增学部委员的遴选工作。在归档保存的三份《中国科学院学部委员候选人推荐书》中，三个重量级学术机构对顾诵芬在科学技术方面的主要成就与贡献的评价是这样的：

> 著名飞机设计师顾诵芬，是第一批国家级有突出贡献的中青年科技专家。直接组织领导和参与过我国低、中、高三代、10 余个歼击机型号的设计，荣获 10 多项科技成果进步奖……由他任总设计师的歼 –8 Ⅱ型飞机，其战术技术性能超过苏制米格 –23，接近法国“幻影”2000。他

是我国飞机设计，特别是气动力设计技术应用研究和发展方向带头人。（中国航空学会）

顾诵芬同志在飞机总体设计、气动力布局、载荷计算、进气道设计和飞机操纵稳定品质等领域中，在理论研究上有很深的造诣，特别是在将这些理论用于解决飞机设计的实际问题上做出了重大贡献，已成为公认的飞机设计专家和权威。（航空航天科学技术委员会）

通过歼教 -1、初教 -6 飞机自行设计，顾诵芬于 1960 年总结和创立了一套设计超声速歼击机气动布局与估算气动特性的方法，处于我国歼击机整体研制水平和专业的领先地位……利用系统工程管理、协调飞机各专业技术，综合成总体优化的歼-8 I 飞机，美国空军代表团团长参观后认为，歼-8 I 飞机的外形设计已达到国际 1980 年代水平。（中国空气动力学学会）

事实上，顾诵芬所处的是推崇集体贡献的时代，加之他从事的事业处于国家军事机密的核心领域，因此评价他学术水平的机会极少。这三个关键单位和沈元、庄逢甘等著名专家的意见，可以说是最具权威的评价。

1991 年 6 月，顾诵芬当选为中国科学院学部委员暨技术科学部第八届常委会副主任。之后，该职位随着科学院的统一变革，改称“院士”。至 1993 年，多位学部委员倡议成立中国工程院。中国工程院筹备领导小组的 37 名成员中，就有顾诵芬和与他一起共同为中国航空事业奋斗了 37 年的亲密伙伴管德。

1994 年 2 月 25 日，在关于建立中国工程院的通知中明确：中国工程院将实行院士制度，是我国工程技术界的最高荣誉性、咨询性学术机构。中国工程院院士是国家设立的工程技术方面的最高学术称号，必须从已做出重大成就和贡献的优秀工程技术专家中选举产生。第一批中国工程院院士根据统一的标准和条件，经过一定遴选程序，报请国务院批准，由中国工程院聘任。

顾诵芬又成为中国工程院第一批 30 名院士之一，同时他也被任命为机械与运载工程学部 5 人常委会的常委。由此，顾诵芬成为中国航空工业唯一获得中国科学院和中国工程院两院院士称号的科学家。

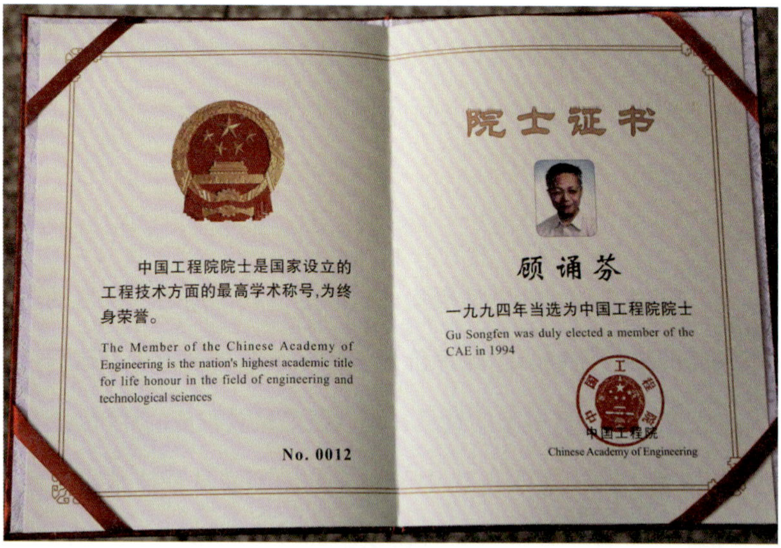

顾诵芬的中国工程院院士证书

2018 年春节前夕，时任中共中央政治局常委、中央书记处书记王沪宁代表习近平总书记和党中央看望顾诵芬院士。据新华社报道，王沪宁来到两院院士、我国歼 -8 Ⅱ飞机总设计师顾诵芬家中，对他 88 岁高龄仍致力于推动

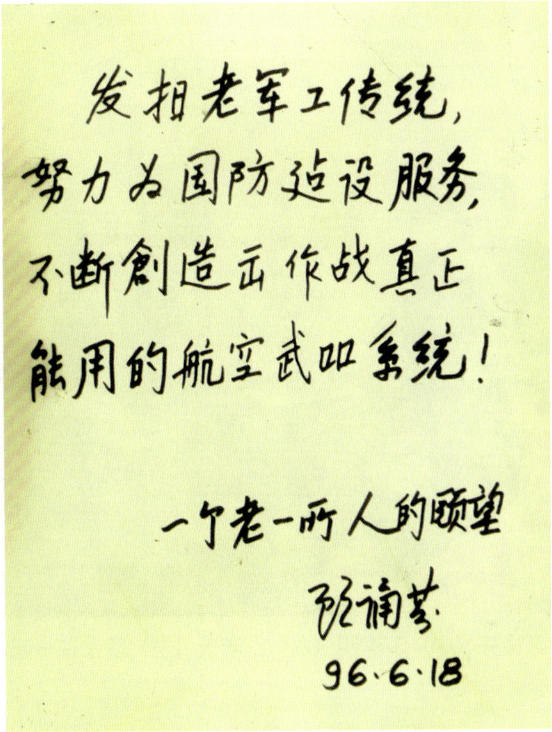

发扬老军工传统，
努力为国防建设服务，
不断創造出作战真正
能用的航空武器系统！

一个老一所人的愿望
顾诵芬
96.6.18

顾诵芬作为“一所”（即601所）人对后辈的寄语

我国飞机动力技术创新发展表示敬意。顾诵芬则对航空工业技术骨干人才培养提出建议。

“致青年”

顾诵芬向来十分重视人才培养。从20世纪60年代起，他领导的研发团队走出了1位中国科学院院士——李天，4位中国工程院院士——管德、李明、杨凤田、孙聪，2位型号项目总指挥、中国航空工业集团公司副总经理——耿

顾诵芬（中）、李明（右）、李天（左）院士在一起

汝光、李玉海。顾诵芬是多所航空院校的兼职教授、博士生导师，他培养的多名研究生毕业后走上了重要岗位并取得了优异成绩。

2018 年 9 月，为了能够帮助年轻人尽快找到事业的方向，顾诵芬特别给中国航空工业集团公司团委写了一封信，满腔热情地指导青年人的学习与学术进步。这封被称为“致青年”的信情真意切，十分难得与珍贵。

集团公司团委：

鉴于公司的年轻人将成为建成航空强国的主要力量，因此需要他们学习我国航空工业前辈徐舜寿、管德等同志刻苦钻研技术，不停地学习先进技术的精神。

我考虑和认识问题不一定正确，现提出一些需要读的书的目录供参考！

首先是必须树立正确的革命人生观，建议还是要熟读并牢记毛主席的《纪念白求恩》《为人民服务》和《愚公移山》，这就需要钻研毛主席的《实践论》和《矛盾论》，这也是钱学森同志推荐给科研人员的。

至于青年人成才的榜样，建议读一下美国洛马公司“臭鼬工厂”的总设计师凯利·约翰逊的自传，他是1930年代的大学毕业生，居然在1960年代设计出3倍声速的SR−71侦察机，技术的提升是非一般人能想象的，他之所以有这样大的技术创新，是因为他一直在钻研技术，休假时也在看空气动力学、数学、物理、机械学等。还有一位是费多索夫院士，他是1950年代控制专业的毕业生，毕业后开始做弹道分析，后来自学了空气动力学、飞机设计以及空空导弹和歼击机作战仿真，现在成了俄罗斯航空决策集体的核心人物。

以上两人的传记航空工业出版社已经出版了，可以买到。

至于我国航空前辈的事情则可读《徐舜寿传》和《管德传》，这也是航空工业出版社出的。

我们要创新，还是要知晓世界航空科技的发展趋势，应该从跟踪到引领。孔夫子说“学而不思则罔，思而不学则殆”，就是说我们光胡思乱想到头来什么都干不成，但光念书而不去做，也是一场空。

我们要创新就需要看世界航空科技的动向。建议要读的消息性的综合刊物有*Aviation Week and Space Technology*、*Flight International*等，还

有就是 *Jane's Defense Review* 及 *Military Technology*。当然这些都是英文，至于其他文种的可以从互联网上找。

当然这些都是消息性的，至于专业较深的则应该看学会的刊物，如美国的 *AIAA Journal*、*Journal of Aircraft* 以及 IEEE、SETP 等专业学会的会刊。

张聚恩认为，顾诵芬的这封信是他的思想、情怀和特有风格与语言的一种展现，他把对年轻一代的殷切期望和具体指导融会在一起，教大家如何确立理想、如何学习、如何读书和读什么书，令人深受启迪与感动。张聚恩说："我深信，年轻的航空人一定能够理解顾总嘱托的深意，牢记和践行顾总的谆谆教诲，薪火相传，接续奋斗，把中国航空事业推向比肩世界的强国新高度。"

新一代总师怎么干

顾诵芬还曾写下一篇文章，总结自己从事飞机设计的切身体会，同时也寄希望于今天从事飞机设计的新的总师、副总师们，寄希望于航空工业领域广大的科研人员：

对设计人员来说必须坚持不懈地钻研业务和发扬不断进取精神。现在科学技术发展迅速，不学习就跟不上形势的变化。只要看看美、俄两位飞机设计大师，美国的 SR−71 总设计师凯利·约翰逊，他 1933 年大学毕业，当时学的是活塞式螺旋桨飞机，但1940年代他领导设计了美国第一种批量生产的喷气式战斗机F-80，到1960年代初，又上了更高台阶——3倍声速的SR-71，如果他还停留在1930年代的学识上，怎么可能干出SR-71来呢？他说他最爱读的书是数学和空气动力学，他休假时常常看的是这些书。当然他绝不是靠这两本书来设计SR-71的，他一定还看了很多其他的书，才会有设计SR-71的构想。书本知识虽然是间接经验，但对写书人来说是直接经验，所以看书也是知识的重要来源。要记住“知识就是力量”这句格言。

俄罗斯米格设计局总设计师别列可夫是1940年代初莫斯科航空学院毕业的，先参加机枪协调器设计，后搞起落架、液压以至结构设计，最后当上了米格-23、米格-25、米格-29以及米格-31的总设计师，从机枪协调器到“双3”飞机，没有足够的专业知识是干不成的。别列可夫也喜欢念专业书。总之要搞出新飞机，不认真念书是不行的。现代飞机的研制技术十分复杂，知识面很广，要求综合能力很强，一个技术领导或者技术尖子，只有勤奋好学，博采众长，才能在前人的基础上，创造新的环境，攀登新的高峰。

西方国家的大公司也十分注意干部的知识更新。1978年参观费伦梯公司时，看到他们技术主管桌子上有本新的美国航空周刊，上面贴有黄条，写有几个人名，他说这是他们传看的，可见他们也督促领导干部注意吸取新知识。可是我们现在图书室的期刊却很少有人过问。这种情况值得大家深思，希望我们年轻的总师们能多注意看新杂志和专业书，使自己的知识能跟上时代的进步。

中国工程院院士李明回忆道：“我到了总师办工作以后发现，所里有一笔经费用于订阅外文资料，每次来了资料目录，都要送到顾总手里，其中的内容很广泛，非航空的也有，就由他来选订。他勾了、订了，资料一来，他第一个看，而且都看。后来他离开沈阳飞机设计研究所，我接他的工作，他对我说，以后这就是你的工作了。20世纪90年代对俄合作，我与他一起到莫斯科，有空闲，他就拉我去书店，对莫斯科的书店我不熟悉，他都知道到哪里找有用的书籍，需要的就买回来。从顾总这里，我悟到，做一个总设计师，必须掌握国外航空科学技术发展的前沿动向，这样才能满足国防安全和军方的需要。”

顾爷爷的“忠粉”们

母校情结，思源致远

饮水思源，爱国荣校。作为一名交大人，顾诵芬曾多次感慨，若是没有当时在母校交大打下的良好基础，就不会有他如今的成功和荣耀。“每当想到母校所给予我的一切，都会满心激动，满身暖意。总想着能取得一些成绩，来回报母校！” 他不仅这样说，也默默地这样做。多年来，在忙碌而紧张的研制工作中，他一直热心关爱学生，热情关心交大。

2005年伊始，顾诵芬的名字就与“年度捐赠”紧紧联系在了一起。他不仅捐献飞机设计模型、照片及资料，以供教学实验和校史展示，还积极参与“思源校友年度捐赠”项目，期盼着这些捐助能化为学子求学夜路上的一盏灯；在上海交大校庆期间他慷慨解囊，捐赠8万元用于闵行校区文博大楼建设，为母校发展添砖加瓦。2008年，顾诵芬回上海交大参加航空航天学院成立典礼，并作为“特班”班主任为首届36名硕士生开讲第一课。2011年10月28日，在毕业60年之际，顾诵芬重回上海交大，为航空航天学院学生做学术报告。虽白发苍苍，但站在讲台上的顾诵芬却精神矍铄。联结过往与未来的星海在他眼底展开，我们能看见的是他嘴角藏不住的笑意，而看不见的，是他心底为家、为国、为朝气蓬勃的后代展望的未来。

顾诵芬与母校之间的温情互动也是校园里的一段佳话。每年新春佳节前夕，上海交大领导都会与校友会联动，一同赴京探望顾诵芬，叙一叙母校的综合发展，聊一聊顾老对学科建设的意见，为他带去母校真挚祝福的同时，也带回他对母校的殷殷期盼。2011年，顾诵芬获颁上海交大“杰出校友卓越成就奖”；2018年9月，恰逢上海交大航空航天学院建院10周年暨航空学科设立83周年纪念，时任校长林忠钦院士为作为名誉院长的顾诵芬颁发学院建设“功勋奖”，感激他为国家和母校的航空航天事业做出的无私贡献。

如今，上海交大航空航天学院有不少顾爷爷的忠实粉丝。学生赵泽阳就一直梦想成为像顾诵芬一样的总师，他记得大一时和班里同学组队参加“联合杯”飞行器设计大赛。“那个时候我们还懵懵懂懂、一知半解，完

顾诵芬家中的部分工具书（徐瑞哲 摄）

成的作品只是个半成品”，赵泽阳直言，“但顾总听说我们交大的团队进入了复赛，十分殷切地渴望看到我们的报告，这让我们备受鼓舞。”顾诵芬始终对年轻人充满期待，他嘱托着：“心中要有国家，永远把国家放在第一位。”

在学术上，对于由上海交通大学出版社组织出版的丛书“大飞机出版工程”，顾诵芬也十分重视。他为这部可称皇皇巨著的丛书付出了很多心血。在总序里他写道：“新中国第一位飞机设计宗师——徐舜寿同志在领导我们研制中国第一架喷气式歼击教练机——歼教 -1 时，亲自撰写了《飞机性能及算法》，及时编译了第一部《英汉航空工程名词字典》，翻译出版了《飞机构造学》《飞机强度学》，从理论上保证了我们的飞机研制工作。我本人作为航空事业发展 50 多年的见证人，欣然接受上海交通大学出版社的邀请，担任该丛书的主编，希望为我国的大飞机研制发展出一份力。”顾诵芬特别推介其中原荷兰福克飞机公司总师所写的《运输类飞机的空气动力设计》，以及国外最新出版的、收入此丛书的多部总体阐述之作和专业细分之作，还有几本工具类图书，此外，他还直接参与几本书的翻译和审校。所有这些既体现了顾诵芬深厚的学术造诣，又反映出他对大飞机工程以及祖国航空事业的高度责任感。

先看摘要，再看头尾

除了著书立言，顾诵芬更是身体力行地奖掖后进，始终不忘对航空技术青年人才的培养和教导。1984 年，顾诵芬任北京航空航天大学兼职教授，还担任航空科学与工程学院航空宇航科学与技术学科飞行器设计、空气动力学专业的博士生导师。他指导研究生的主要研究方向为飞机总体设计、飞机战效分析。

1986 年，北京航空航天大学毕业生王永恩考取了顾诵芬教授的硕士研究生，此后，他收到导师写来的一封信，说明了研究方向，要他先做准备。从那时开始，王永恩就感到当顾诵芬的研究生挺累，因为别的老师手把手教，他却不是那样的。虽然其中有顾诵芬当时还没有调到北京的原因，但更重要的是他带研究生自有一套想法。

王永恩曾向顾诵芬坦言说，有的学生做课题，老师甚至把程序都调好了，就拿一个现有的商业软件，算一个题就完了。顾诵芬的回答是，我这已经很不错了，有的导师带研究生，就是开头见一面，把任务交代清楚了，到最后答辩才见导师，中间只有遇到重大问题时导师才参与。

王永恩逐渐适应了顾诵芬的指导方法。他认识到这与参加工作后接受任务安排一样，导师布置一个大概的课题研究方向，要你自己去查找资料，看完后向导师汇报。听完汇报，顾诵芬问王永恩有什么想法。在王永恩直言不讳地说出自己对问题的思考结果后，顾诵芬对他的想法予以点评，接着布置下一步需要继续查阅的书籍资料，同时也告诉他应该到哪里找哪些专家请教。

王永恩体会到，顾诵芬的教育方式是循序渐进，先给一些粗浅的东西看，再逐步深入，启发培养学生整体的思维方式。顾诵芬注重培养人才的自主学习和研究能力，告诉学生怎么入手，怎么去看资料。

顾诵芬布置的任务多、资料也多，看不过来。王永恩有一次问他怎么能看得快，顾诵芬就教他一招：先看摘要，看完摘要看头看尾，再看结论，有感兴趣的内容再往中间翻，不感兴趣就可以放一边了。王永恩后来已是沈阳飞机设计研究所型号副总师，作为弟子，他每次出差到北京都要看看顾诵芬。顾诵芬总是认真地对他讲，出差、开会有空闲时间要到书店看看书。对于他提出的一些问题，顾诵芬都会一一记下，等下次王永恩再去的时候，顾诵芬会拿出有关的资料，告诉他这个问题应该如何解决。

无人机博士学位不轻言放弃

顾诵芬对学生的影响，不仅是专业和学术上的引导，更是人格魅力与价值追求的感召。1999 年，魏金钟报考了航空高研中心的在职博士生，确定他在北京航空航天大学的指导老师是兼职教授顾诵芬。在进入论文阶段后，顾诵芬给魏金钟的建议是研究无人作战飞机发展方面的问题。当时无人作战飞机还是一个新概念，世界上主要的航空发达国家也都刚开始这一领域的研究，顾诵芬提供了大量的资料供魏金钟研读分析。

在论文研究内容基本完成，开始论文写作，也是最困难的一段时间里，魏金钟一方面工作特别忙，实在挤不出时间，另一方面确实也很难沉下心来写论文，曾一度想放弃，心想，反正论文研究内容做完了，该研究的问题研究了，博士学位不要也罢。当时他与两位同班同学打电话交流时，一个共同的感觉是在职读博士很难、很累，都想放弃。但是，每每想起顾诵芬的治学态度、对自己的殷切期望以及这些年付出的心血，他最终还是选择了坚持做完、做好，对得起顾诵芬。

魏金钟博士与顾诵芬一起拍的师生照

魏金钟没有辜负导师的期望，他的博士论文获得了好评。顾诵芬对魏金钟和他的论文写下了这样的评语：“他完成博士论文的同时，还参加了不少国家重点项目，克服了不少实际困难……论文的完成对于我国无人作战飞机系统的技术发展和规划发展具有重要意义。”由于顾诵芬年事已高，不能参加冗长的毕业典礼，魏金钟特意拿了博士毕业服和相机到北苑科技委办公室去拍师生照。顾诵芬很认真地准备好，一起照了合影。在这张照片中，可以感到顾诵芬育人成才的欣慰之情。

顾诵芬倾力教书育人，为国家、为航空事业化育英才，用自己的一言一行，传承着徐舜寿、黄志千等中国航空工业开创者的思想与精神。他用自己的治学与为人，激励着年轻一辈的航空科技骨干奋发作为、再创辉煌。

为下一代致信新部长

以航天为例讲科学道德

2012年10月，顾诵芬应中国工程院科学道德办公室之邀，给北京理工大学机械与车辆学院的同学做了一次有关科学道德方面的演讲。他在演讲中讲的第一条，就是“热爱祖国，振兴中华的优良传统”。他说：

我国老一辈科技专家都出生在半殖民地半封建的旧中国，受尽帝国主义的欺压，因此都有学好科学技术、振兴国家的愿望，因此他们都有热爱祖国、振兴中华的优良传统，永远是我们学习的榜样。

“文革”使我国科学工作受到了严重破坏，而此时美、苏两国又在搞“星球大战”计划。1986年初，我国4位著名科学家——王淦昌、王大珩、杨嘉墀、陈芳允，鉴于这种形势提出我国必须立即开展高技术的研究，很快得到中央认可，这就是“863”计划，其中一项就是要搞载人航天。经过20多年努力，我们终于实现了当时预期的建立空间站和天地往返运输系统的目标，也就是刚完成的“天宫一号”和“神舟九号”的对接任务。这项工程引起了世界的震动，在庆祝胜利的今天我们不能不缅怀当时四老的用心良苦和深知灼见，这就是我国科技专家为国操劳的典范。

在这次演讲中，顾诵芬还讲到了老科学家“淡泊名利，无私奉献的情操”“严肃认真，一丝不苟的科研作风”“不断学习，与时俱进的勤奋精神”“谦虚谨慎，团结协作的集体主义精神”，等等，正可谓“科学家精神”。无论是参加研讨会、座谈会发言，还是在各种论坛发表演讲或撰写回忆文章，顾诵芬总会讲到科学家、工程技术人员、领导干部应有的道德操守和精神境界，一身浩然正气、名士风骨。

大师科普不缺席

习近平总书记于2016年5月30日在全国科技创新大会、两院院士大会、中国科协第九次全国代表大会上发表的重要讲话，系统全面地阐释了“两翼理论”，指出“科技创新、科学普及是实现创新发展的两翼，要把科学普及放在与科技创新同等重要的位置”。

大师科普中，院士不缺席。顾诵芬亲手推动北京南磨房中心小学（今北京垂杨柳中心小学馨园分校）的航空科技教育，助力该校成长为全国航空特色示范学校；亲笔撰写长篇航模往事回忆，凝聚他从幼年开始的蓝天情怀、报国志向和对航模事业的深刻领悟；全力支持“航空工业杯”国际无人飞行器创新大赛，以 81 岁高龄出任第一届赛事仲裁委员会主任，莅临现场尽责与指导……

有这样两封信，最具有说服力。

2012 年 12 月，时任南磨房中心小学校长杨晔和他的同事们，根据学校的基础条件和发展需要，选定航空作为学校科技实践教育的重点方向，并打算在每年六一儿童节前后设立学校航空节。他们写信给顾诵芬，报告了这一设想。闻此，顾诵芬十分欣喜，遂于 2013 年 1 月 16 日亲笔书写了一封热情洋溢的回信。

杨校长：

非常高兴看到贵校在你们的引领下，带动了小同学们喜欢航空的热潮。这样不仅提高了同学们的科学技术知识水平，同样也提高了同学们的动手制作能力，这都为国家培养了航空后备力量。学生们的兴趣追求，是推动学生努力学习的重要动力。所以，你们建航模科普工作室是非常好的创意，如需要，我愿意为你们的工作室尽点力。祝你们在新的一年里取得更大成就！

随后，顾诵芬应邀为学校建立的航空实验室（活动室）题写了牌匾。在他的热情支持下，以航模为主要载体的学校航空科技教育蓬勃开展起来。从 2013 年开始，学校年年举办“航空节”，且越办越好。

顾诵芬亲手植下的航空科技之苗，在一天天茁壮长大；学校继成为北京市科技教育示范学校、获得中国航空学会授予的“全国航空特色学校”称号后，

顾诵芬家中收藏的航模机编队（徐瑞哲 摄）

又获得“北京中小学金鹏科技团”殊荣，并成为中国航空学会认定的全国航空特色示范学校。

在祝贺顾诵芬获得国家最高科学技术奖时，时任校长陈素琴代表学校向顾诵芬对学校工作的指导与支持表达谢意。她说，学校正走在一条健康发展的大道上，“在先进理念的指导下，培养学生们拥有良好的综合素质，从小打下主动学习、终身学习的初始能力基础，是我们的基本使命。而所有这些认识和取得的进步都与顾院士的鼓励、支持密不可分，他老人家的教诲是我们不断进步的动力”。

顾诵芬因身体原因难以前去学校，所以一直嘱咐航空专家张聚恩代他参加学校的有关活动。在顾诵芬的精神感召下，近年来张聚恩先后 7 次前往学校参加“航空节”，为孩子们授课，为学校的科技教育出谋划策。他说：“每一个航空人都应该像顾总那样，关心和参与航空科技教育与科普，让更多的年轻人爱学习、爱劳动、爱科技、爱航空，从每一天的勤奋学习与不懈努力做起，为未来报效人民、建设国家做好准备；我也由衷希望更多孩子立下蓝天志，把终生献给航空强国的伟大事业。”

致信教育部部长怀院士

另一封信，是关于《名人话航模》这本书的。国家体育总局航空无线电模型运动管理中心原航模部主任刘文章先生，希望好友张聚恩帮他约见顾诵芬，他要当面报告组织编写《名人话航模》一书的情况，并向顾诵芬约稿。从刘主任那里，张聚恩得知，当今很多名家名人都是航模爱好者，顾诵芬当然也是一个航模爱好者，有很长的从事航模活动的经历。

顾诵芬愉快地应允和刘文章在办公室相见。在听完介绍后，顾诵芬当即表示全力支持，认为这是一件很有意义的工作。同时兴奋地回忆起他本人从启蒙到参与、从玩航模到干航空的动人往事。几十年的往事，老人如数家珍，娓娓道来，竟然讲了一个多小时。张聚恩在顾诵芬身边工作的时间很长，却也是第一次听他亲口讲往事，讲从事航模活动的感受。正当他们为未录音而遗憾时，顾诵芬爽快地承诺，会提交一篇回忆文章。

仅隔一周左右，张聚恩就取到了这份装在牛皮信封里的文件。打开一看，顾诵芬写来一封简信，还有在老式大稿纸上书写整齐、长达 10 页的回忆文稿，文笔流畅，脉络清晰，浸透了浓浓航空情，也饱含着深深期盼，读来亲切感人。

有意思的是，在2021年11月8日，欣闻曾任北京航空航天大学校长的怀进鹏院士出任教育部长后，顾诵芬给怀部长写了一封信，并随赠了《名人话航模》一书。

怀部长，您好！

知您履新，本应拜访，但因年事已高，行动不便，难以成行，特以此信问候，并随信赠送我参与编撰的一册有关航空科普的书籍《名人话航模》。

我从小就喜爱航空模型，一步步走上航空报国之路。研究和制作航模几乎伴随了我的整个学生时代。回忆我的成长历程，感到航空模型活动对于训练科学思维、培养技能与品格，均有良好作用，同时也深感学习科技应从娃娃抓起。最近，全国教育战线都在落实“双减”政策，学生们有了参加自己喜爱的科技教育实践活动的时间与空间，我的上述愿望可以实现了，希望有更多的青少年积极参加航空模型运动，从小立下航空报国的梦想，长大成为报国英才。

出于上述心愿，受此书72位作者与参与编著的全体同志的委托，我将此书赠予您，请雅正。

祝工作顺利，身体健康！

顺致敬意！

“一寸丹心为报国，两行清泪为思亲。”顾氏一族，在历史上一直肩负家国使命，在他们心目中，国家、民族、学术、事业的价值远远超过了一己之私。

1992 年顾诵芬（右一）携妻儿等在顾廷龙北京寓所合影

顾诵芬以航空报国为毕生理想，他的先祖也一定为家族中有这样一个杰出后辈而欣慰与自豪。

来自上海的著名金石书画家韩天衡写过《是明月，是山泉》一文，用明月、山泉形容顾诵芬之父顾廷龙。“说他是明月，是因为明月似乎离我们总有一大段距离，却又毫不吝惜地给我们尽可能多的光亮，这光亮不至于灼人，不需要代价，总是一派和煦，伴之以淡柔的温馨；说他是山泉，是因为山泉极尽所能地无私地付出其所有，把它一无渣滓的清纯和甘冽全部献给了时代，献给了社会，献给了我们！”这样的比拟用在顾诵芬身上，似乎也恰如其分。

“高山安可仰，徒此揖清芬”，作为一代大师，顾诵芬将一生奉献给了祖国，一辈子都翱翔在蓝天。他不仅是新中国航空事业发展历史的宝贵见证者和书写者，更是无数华夏儿女的精神楷模，为科学家精神垂范终身，并时刻激励这一代与下一代爱国奋斗，为新一个百年的中华民族伟大复兴贡献全部力量。

像静水深流，静水里涌动报国的火，
似大象无形，无形中深藏着强国梦。
心无旁骛，一步一个脚印，志在冲天。
振长策，击长空，诵君子清芬。

谨以 2021 年度《感动中国》组委会给予顾诵芬的颁奖词，作为终章。

顾诵芬与江泽菲在北京家中（徐瑞哲 摄）

代跋

归来仍是少年

1988年3月，中国有了自主研制的第一型高空高速战斗机“大改款”，时速达2.2倍声速的歼–8 Ⅱ正式设计定型，在沈阳召开了隆重的庆功大会。继1985年它的前代机型歼–8获国家科学技术进步奖特等奖之后，歼–8 Ⅱ于2000年又获国家科学技术进步奖一等奖。

人称“歼–8之父”的顾诵芬，20岁出头走出交通大学校门，而立之后以副总设计师的身份加入歼–8项目，年届半百又成为歼–8 Ⅱ的型号总设计师。从上海到沈阳再到北京，这位94岁的国家最高科技奖得主、航空界唯一的两院院士，鲐背之年依然“两点一线”。

2023年开春，笔者走进航空工业科技委所在地——北京北苑2号院专访老院士。住在这个大院的人们时常见到“顾总”一大早就从老公房的门洞里出来，目的地正是几百米之外的那栋科技委二层办公楼。

即使2023年春节期间因新冠感染住院，“阳康”不到一个月，他还是在最低温处于零下的料峭春寒中，坐着轮椅在几十年树龄的夹道大白杨之间推进，到科技委戴着助听器参加课题会，一开就是一上午。

从顾诵芬办公室回家的路（徐瑞哲 摄）

相比一两年前在北京人民大会堂国家科技奖励大会登台时，顾诵芬明显瘦了。其实，在接受党和国家领导人颁发的最高科技奖之前，他还意外跌了一跤，为此只能坐上轮椅领奖。尽管并无大碍，他在家中也习惯坐轮椅。

客厅里开着电视机，屏幕不算大。耄耋老人不能像以往那样长时间阅读，日常问答也需要很大声，但他看电视时还是关注业界信息，国产大飞机 C919 首飞就是看的直播。顾诵芬笑着告诉笔者："看着大飞机一下子起来了，不容易啊！" 功成名就当了 30 多年的院士，顾诵芬的心思却从未离开头顶的那片蓝天。

迎春时节，来自顾诵芬母校上海交大出版社的编辑们特意上门，将最新出版的"大飞机出版工程"6 卷本新系列图书赠予顾诵芬。早在 2008 年，在中国商用飞机有限责任公司成立之初，上海交大出版社就开始酝酿"大飞机出版工程"，顾诵芬欣然接受邀请担任丛书总主编，认为这是一项非常合大飞机研制工作时宜的事业。如今，"大飞机出版工程"作为绕不开的专业工具书，形成了多个系列、超 200 种图书的大部头套装。顾诵芬说："我本人作

顾诵芬的航模柜（徐瑞哲 摄）

为航空事业发展几十年来的见证人，希望为我国的大飞机研制发展出一份力。”

筑梦苍穹，铸剑传“诵”。顾诵芬的会客厅，几乎没有什么艺术收藏，但每次移步都能发现橱柜内外形形色色的航空模型，最常见的当然是歼-8。比如陈列窗里，歼-8、歼-8 Ⅱ双模并列，下方还有一架美国 F-16 战斗机的纸质航模；另一边的茶几上，金色的两代歼-8 模型压阵，与自主研制的多代歼击机模型组成楔形机队。

当然，顾诵芬家中除了航空模型，还有两样“必需品”。最典型的就是他身后的书柜，下面堆着药品、保健品之类的，上面则是中外多语种的专业书籍。尤其是矮柜上参加航展的纪念相框，就摆放在父亲顾廷龙题写书名的《续修四库全书》木质书套上。

顾诵芬家中陈列（徐瑞哲 摄）

顾诵芬笑言“这不是我的‘书法作品’”（徐瑞哲 摄）

说到书法，此时与顾诵芬长期共事的中国航空工业集团公司科学技术委员会师元光正好来串门探望，还与顾诵芬继续探讨合作新书《合众图书馆史话》一事。师元光取出手机，翻出一张疑似顾诵芬题词的外地某校图书馆牌匾，向顾诵芬求证是否为他亲笔所提。顾诵芬接过手机，端详起这张照片，眼镜后透出十分认真的目光。忽然，他笑了起来，并摇了摇头，连说“不是不是”。其实放大细看，这馆名更像父亲的毛笔字迹。

顾诵芬的字，当然不如他的书法家兼古籍版本目录学家父亲。9 岁时，这个并未子承父业的孩子，从北平回沪的第一天起就住进了父亲担纲总干事的上海市私立合众图书馆，直至大学毕业。他从书中汲取营养，也从往来于合众图书馆的学界前辈身上获得教益。这段看似与理工科无关的经历，却让他养成了博学强记、善用资料等科研习惯，并且受用终身。

现今家中，顾诵芬身边最爱的人，便是一头银丝、慈眉善目的老伴江泽菲。不知不觉，两人已经结识一个甲子，度过了“钻石婚”。面对时而露出纯真笑容的爱人，87 岁的妻子也爱怜地半开玩笑：“我是儿科医生，管不了他这个老头子；他在科技委里讨论很多‘保密的事’，我也不管了。”

“天气好的时候，回上海、去学校，看看早年生活的地方，找一找小时候、年轻时候的记忆。”贴着顾诵芬的耳朵，身旁工作人员告诉他一个春天的寄托。顾总点头称是，“还有，上图新馆建好了，新图书馆也有机会看看去。”

愿你历尽千帆，归来仍是少年。

徐瑞哲

2024 年“五四”青年节

（节选改编自笔者所作《鲐背院士少年志——专访国家最高科技奖得主 93 岁顾诵芬院士》2023 年 4 月 12 日《解放日报》特稿）

二老安度晚年（徐瑞哲 摄）